■ 朱云雷 陶维娜 编著

英雄少年

YINGXIONGSHAONIAN

苏州大学出版社

图书在版编目(CIP)数据

英雄少年/朱云雷,陶维娜编著.—苏州:苏州大学出版社,2011.9(2012.12重印)
ISBN 978-7-81137-799-6

Ⅰ.①英… Ⅱ.①朱…②陶… Ⅲ.①青少年-先进事迹-中国-现代 Ⅳ.①D432.62

中国版本图书馆CIP数据核字(2011)第191363号

书　　名:英雄少年

编　　著:朱云雷　陶维娜
责任编辑:刘一霖
策划编辑:刘一霖
封面设计:吴　钰

出版发行:苏州大学出版社(Soochow University Press)
社　　址:苏州市十梓街1号　邮编:215006
网　　址:http://www.sudapress.com
印　　刷:丹阳市兴华印刷厂
邮购热线:0512-67480030
销售热线:0512-65225020

开　　本:850 mm×1 168 mm　1/32　印张:6.875　字数:153千
版　　次:2011年9月第1版
印　　次:2012年12月第12次印刷
书　　号:ISBN 978-7-81137-799-6
定　　价:13.00元

序

中华民族是一个拥有五千多年悠久历史和光辉文化的民族，可是近代以来，中华民族遭受了帝国主义和封建势力带来的深重灾难。英勇的中国人民为挽救民族危亡积极奔走呼号、英勇奋斗，涌现出了许许多多的民族英雄，其中不乏少年。

俗话说："有志不在年高。"这本《英雄少年》讲述的就是这样一群为祖国和人民抛头颅、洒热血的少年英雄的故事。在中华民族面临危亡的时刻，年轻的他们挺身而出，为实现民族独立、人民解放和国家富强而奋斗。在他们当中，既有机智勇敢、披肝沥胆的英雄个体，也有同甘共苦、团结奋进的英雄群体；既有土地革命时期及抗日战争时期的人物，也有解放战争时期及社会主义建设时期的人物。

这些优秀的少年有着许多的共同点：在集体利益受到侵害之时，他们挺身而出；在敌人的威逼利诱之下，他们毫不动心；在被敌人押赴刑场时，他们面不改色；在敌人的屠刀之下，他们毫不畏惧。通过对这些少年英雄们生前事迹的阅读，可以让我们在历史的长河中感受那已逝去的血与火的岁月，聆听英雄们的呐喊与疾呼。我们可以感受到少年英雄们在枪林弹雨中谈笑自若的气度，领略到他们在刑场上安如泰山的胸怀；我们可以看到英雄少年们热爱祖国的热情，体味到他们心怀天下的宽广胸襟。

今天，冲天的狼烟已经尘埃落定，历史的号角也渐行渐远。孩子们大多衣食无忧，幸福快乐地生活在父母的怀抱之中。青少年是祖国的未来和希望，肩负着新的责任与义务。在生活中，青少年遇到困难与挫折是在所难免的，应该像小英雄们在努力实现民族独立和国家富强的过程中遇到困难与挫折时那样，鼓起勇气去面对，努力克服前进道路上的一切困难，永不言弃，为中华民族的伟大复兴而贡献自己的一份力量。

目　录

上篇　男儿立苍穹

中篇　女杰志高远

下篇　群力谱新章

上篇

男儿立苍穹

龙华千古仰高风　壮士身亡志未穷

——记“少年斗士”欧阳立安

欧阳立安，1914年3月出生于湖南省长沙市，1930年加入中国共产党，后被任命为共青团江苏省委委员和上海总工会青工部部长。1931年1月17日，欧阳立安在参加中共的一次会议后被反动军警逮捕入狱，后于同年2月7日英勇就义，时年17岁。

欧阳立安，1914年3月出生于湖南省长沙市。他的父亲欧阳梅生是一名共产党员，曾在湖南省总工会担任秘书长等职。母亲陶承是一位革命者，长期从事地下党的工作。小立安诞生于一个革命家庭，从小就深受革命思想的熏陶，他和妹妹欧阳东纹先后投身革命的炮火之中，全家都为革命作出了不朽的贡献。

1920年，6岁的小立安跟随着父亲到湖南汨罗县读书。1923年，小立安又跟随母亲到长沙求学。

1926年，大革命的风暴席卷全国，北伐军占领长沙。12岁的小立安积极地加入了儿童纠察队并担任了儿童纠察队第一队的队长。他经常带领纠察队队员在大街小巷张贴、散发传单，维持秩序，组织募捐。在欢迎北伐军进城的民众大会上，小立安还作为学生代表作了发言。由于他年纪小，个子矮，只能站在小凳子上说话。在发言的时候他激动地振臂高呼："打倒帝国主义！打倒军阀！打倒土豪劣绅！"虽然他人小，可是他浓厚的爱国热情感染了在场的每一位观众。

1927年，国民党右派叛变革命。汪精卫发动"马日事变"后，欧阳立安的父亲欧阳梅生转移到武汉，参与组建汉阳县委工作，小立安也跟着来到武汉，并加入了县委。他成为了县委机关的一名小交通员，负责为党组织传递革命报刊、机密信件和指示等，还曾经机智地掩护县委的同志躲过敌人的搜捕。当时，他肩负着传送党的机密刊物《大江报》这个重任。他由于机智勇敢，曾多次出色地完成任务。当时在《大江报》担任编辑的谢觉哉同志就曾称赞他为"勇敢的少年斗士"。

欧阳立安的父亲欧阳梅生由于长期辛苦地工作而积劳成疾，不幸逝世。小立安在党组织的安排下于1929年春随母亲来到上海，进入申新五厂当童工。当时，上海的资本家欺诈工人的手段非常毒辣，不仅工时长、工资低、随意使唤工人，而且连吃饭的时候都不许工人关车床。工人们的生活十分艰苦。一天中午，小立安正在吃饭，工头走过来颐指气使地命令道："你去给我买包烟来！"

小立安平静地说："等会儿，你没看见我在吃饭么。"

工头顿时火了，大声呵斥道："你这个小瘪三，竟敢跟我顶嘴！罚你四角钱！"

小立安斜眼看着他那副嘴脸，不禁哈哈大笑起来："你去罚吧，老子不做了。"说完头也不回地走出了厂门，留下工头目瞪口呆地立在原地。

不久，经中共江苏省委委员、上海沪中区委书记何孟雄的介绍，欧阳立安再次担任了区委小交通员，同时跟随何孟雄同志从事工人运动。他在浦东、沪西、闸北、南市一带的纱厂和烟厂之间来回奔走，通过巧妙的方式在工人之间散发传单和小册子，宣传革命的道理，告诉工人们他们为什么会深受压迫，号召工人要联合起来进行罢工以对抗资本家，还提出了“不许打骂工人，提高工人工资，优待童工、女工”等口号，在工人们中间引起了很大的反响。

欧阳立安宣传革命道理的方式非常巧妙和独特，有时候他把传单揉成纸团塞进粗纱筒子里，工人们使用纱筒时发现纱筒被卡住了，就用力地甩，纸团就被甩出来了。他通过这种方式使得传单在工人之间秘密地传阅着，让工人们知道了自己并不是孤单的，还有人关心和支持，党组织就在身边！

这年冬，欧阳立安经何孟雄同志的介绍，加入了中国共产主义青年团，并担任共青团沪东区委委员。在此期间，他多次参加上海各界工人举行的游行示威和罢工斗争，并在斗争中不断地磨炼和进步。

欧阳立安曾参加过上海纪念“二七”全国工人争取自由运动周和声援南京“四三”惨案的游行示威等一系列革命活动。1930年的“五一”劳动节，他还带领着500名童工参加沪东区委在华德路跑狗场（今浦东的劳动广场）举行的纪念集会，并组织游行示威。他在集会上发表了慷慨激昂的演说，还教大家唱自己编写的《劳动儿童团歌》：

“冲、冲、冲，
我们是劳动儿童团！
不怕敌人刀和枪，
不怕坐牢和牺牲，
杀开一条血路，

冲、冲、冲!”

后来巡捕房到街上抓参加游行集会的人,小立安机智冷静地指挥童工们就地疏散,他自己则装作卖膏药的小贩,在大家的掩护下顺利地撤退了。

欧阳立安不仅积极地支持和参加工人的运动,而且还继续运用巧妙的方式在工人之间宣传“打倒土豪劣绅,打倒国民党反动派,争取革命胜利和民族解放”的道理。

1930年春,年仅16岁的欧阳立安又经何孟雄同志的介绍光荣地加入了中国共产党。1930年6月,欧阳立安作为中国青年工人代表,随刘少奇同志赴莫斯科参加赤色职工国际第五次代表大会和少年共产国际的有关会议,并参加了苏联“十月革命”13周年纪念活动,大大地增长了见识。同年11月,欧阳立安回国之后,党组织任命他为共青团江苏省委委员和上海总工会青工部部长。就这样,小小年纪的欧阳立安当仁不让地挑起了党和革命的大梁!

1931年1月17日,欧阳立安根据组织的指示参加中共江苏省委的一次秘密会议,被国民党反动派发现。欧阳立安与何孟雄、柔石等一起开会的同志被逮捕并关押在了龙华监狱中。

被捕之后,敌人对欧阳立安进行了审讯,面对敌人的严刑逼供,欧阳立安毫无惧色,誓死严守党的机密。他说:“中国革命一定会胜利!我是共产党员,就算是筋骨变成灰,我也还是百分之百的共产主义者!我为共产主义、为国家、为人民而死,死而无怨!”在龙华监狱中,他早就做好了牺牲的准备!

1931年2月7日晚,欧阳立安与何孟雄等24名同志被反动派押赴刑场。在敌人密集的枪声中,欧阳立安与同志们高呼着“中国革命成功万岁”“打倒帝国主义”的誓词，壮烈地倒在了血泊之中。

在这24名英勇就义的烈士当中，欧阳立安年纪最小，年仅17岁。

新中国成立之后，欧阳立安的母亲陶承撰写了一本长篇革命回忆录——《我的一家》，成为广大青少年十分喜爱的优秀读物。

1950年，当时担任上海市市长的陈毅同志嘱咐上海市人民政府给欧阳立安的母亲写信，信中赞扬道：“欧阳立安等同志英勇顽强的斗争精神以及为中国人民解放事业而壮烈牺牲的事迹，将永远铭刻在全国人民的心中。烈士们的热血，换来了今天全民族解放的辉煌胜利，奠定了人民革命政权的牢固基础，烈士们的精神将永垂不朽！”

欧阳立安经历了从儿童团员到共青团员，再到共产党员的短暂而辉煌的一生，他的生命足迹并不久远，可是他在中华民族历史上的分量重于泰山！正是由于有千千万万像欧阳立安这样的革命先烈们抛头颅、洒热血，不畏牺牲，才有了中华民族解放的最终胜利！他们的英勇献身精神，必将激励我们一代又一代的少年们，为了中华民族的复兴大业，为了祖国的繁荣昌盛而不懈奋斗！

参考文献：

1. 陶承. 我的一家. 北京：工人出版社，1959.
2. 谷小因. 党的好儿子——欧阳立安. 长沙：湖南人民出版社，1959.

3. 中共党史人物研究会. 中共党史人物传:第二十八卷. 西安:陕西人民出版社,1986.
4. 赵吉南等. 名人少年时代. 上海:上海人民美术出版社,1992.

心思缜密斗敌军 机智勇敢战强敌

——记“侦察英雄”郭滴海

郭滴海，福建省龙岩县龙门镇湖一村人，其哥哥郭滴人、姐姐郭明英都是革命者。郭滴海从小就化装成乞丐为八路军侦察情报，多次出色地完成了任务。1938 年，他被编入新四军二支队，1941 年牺牲于“皖南事变”，时年 20 岁。新中国成立后，张爱萍同志写了《侦察英雄郭滴海》一文以纪念他。

郭滴海，1921 年出身于福建省龙岩县龙门镇湖一村的一个普通农民家庭。他的哥哥名叫郭滴人，是中共闽西特委的宣传部部长，也是闽西红军和革命根据地的主要创建人之一。他的姐姐郭明英是共青团闽西特委的宣传干事。郭滴海生在这样一个革命家庭，从小就跟随哥哥生活在部队之中，耳濡目染，懂得了许多革命道理。

小小年纪的郭滴海，矮矮胖胖的，长得很结实，黝黑的脸蛋，平时不爱说话和活动，看上去呆头呆脑的样子，但他其实是一个心思缜密、聪明伶俐的孩子。

有一次，部队在夜间仓促转移，一时之间怎么都找不到郭滴海，原来他睡在了一间满是稻草的草房里。第二天，敌人包围了村庄，正在睡觉的郭滴海被敌人抓到了。

敌人冲他嚷道:“你是赤匪的侦探吗?”

“不不……俺是要饭的……”郭滴海装作结结巴巴的样子说道。

敌人大喝一声:“快说实话!”

旁边另一个敌人撺掇道:“拉出去毙了,看他说不说实话。”

郭滴海坚持说道:“毙了俺,俺也是要饭的……”同时还装作可怜兮兮的样子望着敌人。

由于郭滴海平时不太讲卫生,总是穿着一身破衣服,补丁套补丁,而且弄得满身污黑、脏兮兮的,头发像茅草一样乱糟糟地顶在脑袋上,看起来真的像一个叫花子。敌人仔细打量了他一番,也就没再怀疑,把他放了。

从此,郭滴海将计就计,装成了小叫花子跟着敌人的部队,夜里就睡在草堆上。时间长了,敌人就不太注意他了。有一天,郭滴海趁机溜出了村子,在红军的驻地附近碰到了红军的侦察员,他立即把自己知道的情况都告诉了侦察员。侦察员把消息带回部队,部队很快就消灭了这群匪徒。

后来,红军把郭滴海带回了驻地,大家都夸他有本事、有胆量,可以算是一个小侦察员了!

从此,郭滴海就干起了侦察工作,常常装作小叫花子去探查情报。只见他提着破篮子,拿着破碗,挨家挨户地乞讨,一边乞讨眼睛一边骨碌碌地转,仔细地探查敌人的情报。

这天,郭滴海又拎着破篮子,拿着破碗去要饭。要着要着,忽然一个敌人冲上来揪住了他,差点把他提了起来。敌人破口大骂道:“小兔崽子!你是赤匪的探子吧,给我抓起来!”几个敌人上来把郭滴海抓住并押到了一间屋子里,然后开始审问。

“说！你是不是赤匪的探子？”

郭滴海装糊涂：“什么是探子？俺只是一个要饭的……”

“少给我装傻，老子观察你几天了，我们部队转移到哪你就跟到哪，你不是探子是什么！”

郭滴海知道自己跟踪敌军的行动被发觉了，于是又转而说道：“你们走到哪，哪里的老百姓就跑光了。只有跟着老总走，俺才能要到饭啊！俺这也是没办法……”他又装作可怜和害怕的样子望着敌人。

敌人们想想也有道理，于是就相信了郭滴海的话。其中一个敌人一脚踢在郭滴海的屁股上并骂道：“赶紧给我滚！”

郭滴海迭声说：“俺这就滚，俺这就滚……”说着迅速把泼在地上的饭用手扒拉到破碗里，然后大踏步走出了屋子。

郭滴海一直跟着敌人的部队，时间长了，也跟敌人混熟了。敌人不但不再怀疑他，而且还逼迫郭滴海利用叫花子的身份给他们当探子。就这样，郭滴海以敌人探子的身份为八路军搜集到了不少的情报。

有一次，郭滴海从敌人口中得知，他们有一个营在上杭、永定两县交界的抗日根据地安上了据点，正日夜修筑碉堡和工事。他立即把这个消息报告给了县苏维埃政府主席，好让八路军尽早准备打垮敌人的这个据点。

可是不巧的是，当时八路军的主力都在外地作战，仅留了一个独立团的兵力在当地，要打垮敌人的一个营有一定的难度。为了减少损失和有利于打垮敌人，县苏维埃政府主席和独立团决定采用“引蛇出洞”的诱敌出战策略，把敌人引出老窝，然后伏击歼灭，而郭滴海就负责引诱敌人出战。

这是一个艰巨的任务，郭滴海牢牢记住了部队首长交代的诱敌方法、伏击地点、时间、信号等重要信息，然后就回到了敌人的老巢。

大半夜，郭滴海气喘吁吁地跑到敌人的营部报告道：“老总，不好了，俺刚才看到红军有五六十人到了前面的村子，然后分散住下了！”

敌军营长半信半疑地说道：“你再去看看，看赤匪走了没，有新情况回来报告。”

郭滴海不情愿地说：“俺刚才回来的时候已经被赤匪的哨兵发现了，现在哪敢回去啊，这不是送死嘛……”

敌军营长又问了他村子距离多远、红军有多少枪等问题，郭滴海按照八路军团长的交代都一一作了回答。为了让敌人上当，郭滴海又说道：“俺可以带路！”

敌人相信了他的话，不一会儿就整装待发了。郭滴海走在前面，敌人说道：“你小子要是敢带错路，小心脑袋！”接着又补充了一句：“带好了，捉住八路，赏你十块大洋！”

“唉唉……”郭滴海连声应道。

夜色笼罩着大地，敌人的部队鸦雀无声地前进着。郭滴海快步走在前面，想赶在天亮之前把敌人带进八路军的埋伏圈。不一会儿，郭滴海看到前面约定地点的岩石堆和密林丛中有微微的人影闪过，他知道是八路军埋伏好了。接着，郭滴海忽然风一样地窜进了旁边的灌木丛，一边大喊着：“打呀！打呀！”

敌人知道自己上了当，慌忙向灌木丛中开了几枪。就在这时，四下里响起了八路军的枪炮声，敌人被打得措手不及、屁滚尿流。整个寂静的山林，瞬间变成了冲天的火海。八路军进攻的冲锋口号“杀呀”“缴枪不杀”响彻山林。

在红军独立团猛烈炮火的围攻和勇猛的冲锋之下，敌人狼狈不堪、乱成一团，死的死、逃的逃，还有的干脆趴在地上等着八路军去缴械。才几十分钟的时间，这两百多名敌人就被英勇的八路军降服了。

天色已经大亮，八路军开始收拾战场，可是大家无论如何都找不到郭滴海的身影，大家焦急地分头寻找。终于，他们在灌木丛的乱石堆中发现了昏倒在地的郭滴海，他满身、满脸都是伤痕，胳膊上还流着鲜血。县苏维埃主席冲上前去把小滴海抱在怀里，感动地流下了眼泪。他找来了军医给郭滴海包扎了伤口。郭滴海渐渐苏醒过来。当他看到身边都是自己的同志时，知道战斗一定胜利了，他不顾自己满身伤痕，开心地笑了起来。接着，战士们轮流背着小滴海，押着被俘的敌人，满载而归。

郭滴海在这次战斗中立了大功。从此，“侦察小英雄”的英勇事迹就在闽西儿童团和少先队里流传开了，大家都争着向小滴海学习。

1938 年，郭滴海被编入新四军。

1941 年，以蒋介石为首的国民党反动派背信弃义，置民族大义于不顾，执行“消极抗日、积极反共”的反动方针，又一次发动了反共高潮，制造了震惊中外的“皖南事变”。郭滴海和同志们在敌我力量悬殊的情况下英勇奋战，终因弹尽粮绝而战死沙场。

新中国成立后，张爱萍同志曾撰写文章《侦察英雄郭滴海》，以纪念这位为祖国奉献一生的小英雄，给全国的少年儿童做榜样。

郭滴海把短暂而宝贵的青春年华全部都奉献给了民族的抗日解放事业，他的血没有白流，中华民族最终于1949年迎来了完全的胜利。人民不会忘记他，历史不会忘记他，他的名字被深深地镌刻在了祖国的丰碑上，永世长存！

参考文献：

1. 钟绍幼. 侦察小英雄郭滴海. 北京：中国少年儿童出版社，1964.
2. 福建省共青团学校部. 福建少年英雄谱. 福州：福建人民出版社，1983.
3. 戴镜元. 难忘的岁月. 北京：作家出版社，2005.
4. 徐建刚. 感动共和国的小英雄. 上海：少年儿童出版社，2011.

醉卧沙场人未还　但留浩气满乾坤

——记抗日小英雄姜墨林

姜墨林是东北抗联小英雄,1921 年出身于宁安县红土墙村一户贫苦农民家庭。由于父母早亡,姜墨林与哥哥相依为命,从小就饱尝了旧社会的辛酸。在党的教育和培养下,他毅然走上了抗日救国道路。11 岁时,他参加了中国共产主义儿童团,13 岁时加入了绥宁反日同盟军。1940 年,在与日本鬼子战斗中,他为了掩护战友撤退被围,宁死不当俘虏,将子弹射入了自己的胸膛,牺牲时年仅 19 岁。

1931 年"九一八"事变后,日本鬼子的残酷暴行和肆意掠夺给东北人民带来了深重灾难,整个东北陷入了一片水深火热的境地。

姜墨林是东北一户贫苦农民家庭的孩子,自从出生的时候起,就生活在日本鬼子的蹂躏之下。在他幼小的心中早已充满了对侵略者的仇恨,同时也产生了抗日复仇的愿望。

1932 年,刚满 11 岁的姜墨林参加了中国共产主义儿童团。机智勇敢、聪明伶俐、积极上进的他很快成为一名优秀的儿童团员。虽然他个子不高、身体瘦弱,可是工作起来从不落后于别人。无论情况多么危险、任务如何艰巨,他总能出色地完成。他还经常以唱歌、跳舞的形式，向当地群众宣传抗日救国，号召大家团结起来、共同抗击侵略者。

姜墨林的抗日活动很快引起了宁安县境内日本鬼子和汉奸的注意，他们派人到处搜捕姜墨林。

1934年春，地下党组织派人来找他，询问完工作情况后对他说："敌人现在四处抓捕你，以后你可要更加小心呢！"

"想要抓住我，可没那么容易！"姜墨林一笑，调皮地回答道。

为了保护和培养姜墨林，地下党组织决定把姜墨林调入游击队。这一年，13岁的姜墨林参加了党直接领导的绥宁反日同盟军，正式成了一名光荣的抗联战士。当他兴冲冲地来到部队报到时，战士们看到来了一个这么小的战友，便私下议论："这个小孩子都没枪高，能打仗吗？"

听到这些议论，姜墨林难过极了。但他什么话也没说，心里暗下决心："我一定好好训练，英勇杀敌，不能被人看扁！"

经过一番勤学苦练，姜墨林的射击成绩有了显著提高，还学会了写便条和一般书信。有一次，他跟随队伍到镜泊湖北面的杨胖子沟执行任务时，与日本鬼子交上了火。战斗一打响，他像个小老虎似的，勇猛地冲向敌人最多的地方，找到一块大石头作掩体，瞄准敌人，稳扣扳机，"砰"的一声枪响，就打死了一个鬼子。面对远处冲过来的日本军官，他眼疾手快地投出了一个手榴弹，炸得鬼子军官血肉横飞。

战斗结束后，战士们都竖起了大拇指，从此对他刮目相看。在部队召开的评功会上，战士们热烈地议论着。这个说"姜墨林个子小，胆子大"，那个讲"第一次参加战斗就如此出色，真是后生可畏"。

此后，姜墨林又参加了多次战斗。在炮火的洗礼中，他逐渐成长为一名真正的抗日战士。

1935年初，由于姜墨林在战斗中表现突出，他光荣地成为了一名中国共产主义青年团团员，并被调到二军四师四团的青年义勇队任小队长。

担任小队长后，姜墨林对自己的要求更严格了。训练时，他总是最刻苦的一个；打仗时，他总是冲锋在前；同时，他还非常关心自己的队员。他用自己的实际行动证明他是一个称职的小队长。

1935年12月下旬，日本鬼子集结了重兵，对抗日游击区进行疯狂“大讨伐”。为了转移敌人的目标、分散敌人实力，姜墨林所在的教导大队奉命突袭双河镇。他所在的青年义勇军小队被选入突击队，姜墨林担任突击队队长，负责摧毁东关敌军的据点。

姜墨林接受任务后，率领突击队在风雪交加中急速行军了两天两夜，第三天拂晓前到达了双河镇。他们顾不上行军劳累，抓住拂晓前的有利时机，立即投入战斗。当他们靠近敌人据点的铁丝网、正要破网而入时，突然被敌人发现了。顿时，碉堡里枪声齐鸣，照明弹腾空而起，当场就有几名战士牺牲了。姜墨林当机立断，命令小队分成三组，从几个不同的方向扒雪洞继续向敌人碉堡逼进。当离碉堡只有10米远的时候，姜墨林从雪洞中第一个跳出来，以迅雷不及掩耳之势，将一捆手榴弹拉燃导火索后塞入碉堡枪眼。只听“轰”的一声，敌人机枪哑了。姜墨林对着敌人大声喊道：“快投降吧！是中国人就别为日本鬼子卖命，把枪放下！”这话果然起了作用，据点里的伪军听到喊声，纷纷扔下枪逃出了据点。后面的部队乘机冲了上来，占领了东关据点。其他几个据点的敌人见东关失守，望风而逃。突击队顺利攻下了双河镇。

1937 年冬，由于日本鬼子的疯狂“讨伐”，抗日联军的处境非常艰难，物资匮乏，许多战士病倒了，形势非常严峻。为了解决粮食和冬季衣服的紧缺问题，指挥部决定派姜墨林率领小分队去筹集粮食、棉花和布匹。

姜墨林受命后，仔细谋划了一番，采取了灵活的办法：他把钱分发下去，发动老爷爷、老奶奶、儿童买棉花、布匹等物品，再把这些物品零零散散地带出城外并送到指定地点，不到一星期，就筹集到上千斤棉花、一百多匹棉布，还有一些棉鞋和其他物品。一切准备好以后，姜墨林便率领小分队准备将所有物资火速运到抗联营地。

小分队在返回营地途中，突然一队日本鬼子骑着马从后面追了上来。姜墨林冷静地命令道：“运输队继续前进，骑兵随我断后。”接着，他又有条不紊地指挥道：“这里树林很多，正好可以打伏击战。同志们，先把战马藏好，然后在路边埋伏。”

不一会儿，小鬼子来了。等敌人走近了，姜墨林果断地大喊一声：“打！”敌人被打得措手不及。这时天色已晚，敌人也摸不清对方的实力，只好停止追击，撤退了。

经过连夜赶路，第二天小分队到达了营地，顺利地完成了任务。指挥部的领导感叹道：“这真是一个奇迹！”

1940 年深秋，由于斗争需要和组织安排，姜墨林率领部队到绥芬河大青山一带开辟游击战场。在行军途中，他们得知镇南有一个驻守了 20 余名日本鬼子的据点。一天深夜，他们乘敌人不备，袭击了这个据点，不到半个小时，就全歼了据点里的敌人。

当敌人主力部队得知镇南据点被摧毁的消息后，十分恼怒，派出大量部队连夜向姜墨林小部队追赶过来。姜墨林果断改变转移方向，率队直奔东宁县南部山区。但当部队到达二十八道河子时，被敌人层层包围在了河谷里。姜墨林临危不乱，非常冷静地指挥战士们突围。

战斗打响了，由于敌我实力悬殊，姜墨林烧毁了文件，扔掉了行李，与敌人背水一战。他指挥战士们勇猛地反击。战斗进行得异常惨烈。终因寡不敌众，姜墨林身边的战士一个个倒下了，最后只剩下他和另外三名战士。

姜墨林一边狠狠地向敌人射击，一边命令身边的战士："你们三个人马上突围出去，回去报告总指挥！这里由我顶着。"可是一个人怎么对付得了那么多的敌人呢？战士们都不肯丢下姜墨林，都要求留在阵地。姜墨林见他们不走，大声吼道："必须服从命令！现在没时间了，你们快走，谁也不许留下！"这时，敌人的一颗子弹打在姜墨林腿上，他猝然倒下了，鲜血染红了身下的土地。他一面冷静地架起机枪向敌人扫射，一面厉声喊道："你们快撤退！这是命令！"三名战士没有办法，只好眼含热泪，沿着一条水沟向外跑去。三名战士在突围途中，有一人牺牲，另外两人冲出了敌人的包围圈，回到了总部。

见战友已经安全突围，姜墨林心里没有任何负担了。他手持机枪不停地扫射，把敌人打得血肉横飞、尸横遍野。关键时刻，机枪子弹打光了。他又迅速从腰里掏出了20响盒子枪，对准冲上来的敌人，一枪一个，一连打死了好几个敌人。敌人越来越近，而他枪里的子弹越来越少，最后枪膛里只剩下一颗子弹了。几十个敌人乘机冲到了他的跟前,把他团团围住。姜墨林咬紧牙关,忍着剧痛从地上爬起来,环视四周的敌人,心想:“宁死也不能让敌人抓住。”只听见一声大笑,接着一声枪响,姜墨林扣动扳机,把最后一颗子弹射进了自己的胸膛。就这样,这位年仅19岁的小英雄壮烈地牺牲在抗日救国的阵地上。

姜墨林牺牲后,敌人在他的衣兜里只找到了一张纸条,上面写着:“中国必兴,日寇必亡!中国共产党万岁!抗日救国胜利万岁!”日本鬼子看后,残忍地将姜墨林的遗体抛入了湍急的二十八道河。

小英雄姜墨林的一生虽然短暂,却是可歌可泣的,他的忠魂必将与山河共存!

参考文献:

1. 周保中讲,南新宙记.抗日小英雄姜墨林.哈尔滨:黑龙江人民出版社,1965.
2. 霍燎原,于文藻,吕永华.东北抗日联军第二军.哈尔滨:黑龙江人民出版社,1987.
3. 黄涛,史立成,毛国强.中国共产党抗日英雄传.北京:解放军出版社,2005.

一腔鲜血撒热土　万种心思报国家

——记抗日小英雄夏秋生

夏秋生，生于1927年，上海松江县人，自小身体瘦弱，但学习成绩优异，非常聪明。随着日本帝国主义入侵，他的家乡也遭遇沦陷。夏秋生虽然年幼，但是他的爱国热情分外高涨，感受到了亡国之苦和民族之恨。1938年腊月，夏秋生在上海方塔上写下“打倒日本帝国主义”八个大字。不久，被残暴的日军发现，英勇就义，时年11岁。

1937年7月，日本帝国主义为了独占中国，发动了蓄谋已久的全面侵华战争。日本鬼子肆无忌惮地抢夺我国同胞们的财产，屠杀他们的性命。11月，上海的松江县也受到了日本鬼子的疯狂进攻，不久沦陷。松江人民流离失所，生活在水深火热之中。

日本鬼子的暴行激起了全国人民的愤恨，广大人民群众掀起了一浪又一浪的抗日救亡热潮。松江杨家桥小学学生夏秋生目睹了日本鬼子的暴行，心中万分悲愤。亡国痛、民族恨，在小秋生心中激发起强烈的爱国热情。

夏秋生住在城内会星桥堍。由于生活贫困，他经常吃不饱、穿不暖。小秋生从小就给地主家放牛，他的东家是一个非常狠毒的地主,整天阴沉着脸。这个地主每天都要到地里看伙计们干活,又挑毛病、又找茬子。如果小秋生放的牛不吃草,他也要破口大骂,有时还挥动鞭子没头没脑地打人。小秋生受尽了折磨,恨透了这个凶恶的地主。

尽管小秋生从小就受到地主的虐待,但他从来都没有屈服过。倔强的小秋生养成了坚强、耿直的个性。随着日本鬼子的入侵进一步加剧,地主家里也遭到了日本鬼子的搜刮和抢夺。原本放牛的小秋生终于放下牛鞭,勇敢地加入到抗日救亡的队伍中。革命的环境和连绵不断的战火把小秋生锻炼得更加坚强、刚毅了。

年少的小秋生依然记得日本鬼子第一次来他们村的时候,把全村的男女老少都赶到了一起。日本鬼子说村里藏着八路军,逼迫大家交代。村民们知道八路军是共产党领导的抗日队伍,就不开口。于是这帮禽兽就凶狠地砍下了两个农民的头。场面非常恐怖。这时的小秋生已经参加了村里的儿童团,常带领着一帮小孩子帮忙送情报、打鬼子。

一个翻译官突然对日军军官说:“儿童团团长肯定知道!”

鬼子军官一听,脸色一变,面带笑容地对村民们说:“叫你们儿童团团长出来!”

夏秋生“噌”地从人群中窜了出来,“我就是儿童团团长!”

日军军官问:“你说,八路的伤员在哪里?”

“不知道!”夏秋生大声答道。他是铁了心,豁出去了。

日本鬼子一听,“嗖”的一声把尖刀从腰上抽了出来,大声说道:“你不说!死啦死啦的!”说着就把尖刀架在了小秋生的脖子上。

看到这情景，旁边的乡亲们都惊呆了。夏秋生也过了好久才缓过神来，幸好搁在脖子上的是刀背。

不一会儿，鬼子军官狰狞地笑了笑，说："你们的儿童团，统统给我出来。"大家都不知道这时日本鬼子要耍什么花样。

夏秋生立即喊："儿童团，立即集合！"不一会儿，整整齐齐地站出来一支队伍。鬼子军官摸了摸嘴上那一撮小胡子，让翻译官给他翻译，叫儿童团员唱歌。孩子们多想唱之前八路军叔叔教他们唱的抗日歌曲呀，但是那样肯定会激起日本鬼子更加疯狂的杀戮。

夏秋生情急之中，就故意让大家瞎唱一阵。日本鬼子听得捂着耳朵直喊："停下停下！滚蛋，马上滚蛋！"小秋生赶忙带领儿童团员们撒腿就跑，躲过了一场残杀。从那以后，小秋生下定决心同敌人斗争到底，他幼小的心灵萌发了抗日救亡的坚强信念。

1938 年寒冬腊月的一天晚上，小秋生趁夜黑敌人不注意，溜到了松江著名的方塔边上。他拿起带来的笔，在上面写下了"打倒日本帝国主义"八个大字。第二天早上，日本驻当地军部看到了这八个大字。虽然字扭扭歪歪的，但惹得日本鬼子暴跳如雷，他们立即派兵将松江三公街团团围住。杀气腾腾的日本鬼子把村民们围在街道上。

日本鬼子端着枪，威逼村民们说："马上交出写标语的人，不然都得死！"

此时，气氛非常紧张，人们都站在那里没有说话。日本鬼子军官看到躲在一对夫妇后面的小孩子，诡异地笑了笑，"小孩的，不要怕，这些字到底是谁写的？"

这时，日本鬼子军官旁边的翻译官对他说："从写标语的痕迹来看，像是一个小孩。"

"八格呀噜，"日本军官咆哮道，"小孩的，全部抓起来。"

不一会儿，小孩子们都被抓了起来。日本鬼子想把小孩子抓起来吓唬一下，逼供大家说出写字的人，但是没有一个人回答。

"小孩子大大的坏，你们谁写的标语？"日本军官凶恶地问道。

可是仍然没有人回答。

"长官，就让他们每个人写几个字，对照笔迹就可以看出是谁写的了。"狡猾的狗翻译走到日本鬼子军官面前谄媚道。

于是，小鬼子就拿来纸和笔，逼迫孩子们一个一个地写字，然后一个一个地对照。夏秋生不想连累大家，一人做事一人当。他明白如果今天找不出写大字的人，敌人不会善罢甘休的。于是，当轮到他写字时，他写了和墙上一模一样的字。日本鬼子一看夏秋生写的字，狠毒地骂了起来："你的小孩，良心大大的坏了！"说着就拿起枪托朝小秋生的腿上狠狠地砸了几下。年幼的小秋生没站住，一下子就跪倒在地。紧接着，敌人又抓起他的衣领，指了指桥下面的河水说："谁让你来写的？快说出来，不然就淹死你。"

夏秋生怒目圆睁，瞪着凶恶的敌人，一动不动，就像没听到敌人的问话一样，始终没有开口。双方就这样对峙着。日本鬼子摆了如此大的阵势却一无所获，于是抬起小秋生，把他扔进了河中。

当时正是寒冬腊月，冰冷的河水刺骨得凉。小秋生在河水中苦苦地挣扎着。那些丧心病狂的日本鬼子则在岸上发出一阵阵狞笑声。眼看着小秋生就要被淹死了。他的家人和邻居闻讯赶来,急忙把小秋生救上了岸。小秋生的脸已经冻得又紫又青,浑身直打哆嗦。他的妈妈赶紧把他抱在怀里,急忙跑回家。跑到家以后,小秋生的姐姐赶忙给他换上干衣服,并不停地搓他的手脚。过了一会儿,小秋生终于缓过来了,对妈妈说:“娘,我冷。”妈妈的眼睛红了,眼泪不停地流。她抱着小秋生难过得说不出话来。

就在此时,那群如狼似虎的日本鬼子又闯了进来,不由分说,抓起小秋生就走。气势汹汹的敌人将刚缓过来的小秋生押到方塔前。小鬼子军官心里想着,夏秋生只是一个小孩子,不可能写出这些大字来,背后肯定有大人指使他,因此,非要揪住小秋生问个究竟。小鬼子军官端着枪指着小秋生的胸膛说:“快说!到底是谁指使你干的?这次不说就没上次那么幸运了!”

小秋生心里恨透了日本鬼子,早就把生死置之度外了。尽管日本鬼子军官和狗翻译再三地拷问,小秋生却置之不理,始终一言不发,斜着眼睛看着远方。小秋生的不合作态度惹怒了日本鬼子。小秋生睁大眼睛怒目而视,恨不得上去咬下他们的肉。丧心病狂的日本鬼子端起刺刀就朝小秋生的胸膛刺下去。顿时,小秋生的胸口喷出殷殷鲜血。鲜血染红了方塔的墙身,渗进了故乡的泥土里。毫无人性的日本鬼子又猛刺数刀,小英雄夏秋生就这样壮烈牺牲了。

夏秋生,一个年仅11岁的爱国者,他是多么的坚强、刚毅啊!他的死引起我们不尽的追思;他的民族正义感和爱国热忱感染着每一个中国人;他的英雄事迹将永远铭记在人民心里;

他的抗日精神将被永世传颂;他的爱国主义精神将永远激励我们不断前进!

参考文献:

1. 何慧明等.上海市松江县志.上海:上海人民出版社,1991.
2. 高海虹等.抗日英雄小故事.上海:上海教育出版社,2005.
3. 何慧明.2006 松江年鉴.上海:上海辞书出版社,2010.

不惜流尽一腔血 誓报深似血海仇

——记抗日小英雄杨来西

杨来西是抗日战争时期的一位小英雄，1927 年出生于上海浦东。上海沦陷后，他参加了共产党领导的敌后抗日游击队，经常化装成牧童，为游击队侦察敌情。1941 年冬，杨来西被敌人抓获，为保卫人民部队、争取抗战胜利英勇牺牲，年仅 14 岁，后被誉为“宁波的小兵‘张嘎’”。

1937 年 8 月 13 日，日本鬼子发动了侵略上海的“八一三”事变，从此日本鬼子长驱直入。11 月，上海就被日本鬼子占领了。

上海沦陷后，日本鬼子到处烧杀抢夺，无恶不作，在杨来西的家乡到处都能见到日本鬼子在杀人。为了抵抗侵略者，杨来西的父亲参加了抗日队伍，可是在一次日本鬼子“大扫荡”中，父母和弟弟都被日本鬼子残忍地杀害了，杨来西的家就这样没了。小来西成了一个无家可归的流浪儿，心底也种下了仇恨的种子。

1940 年的一天晚上，小来西正在一个里弄里睡觉，忽然听见几声狗叫。此时来了一队人马，领头的是一个高高大大的中年人，他就是中共地下党派驻浦东控制汪伪军十三师五十团三营的副营长胡俊。当他看到有一个小孩在大街上睡觉时，就下马走过来叫醒了小来西，并亲切地问道："孩子，你叫什么名字啊？怎么一个人睡在大街上？为什么不回家睡呢？"

小来西搓了搓眼睛，望着这位穿着八路军军服的叔叔说："日本鬼子把我们家都烧光了，没地方去了。"

"那你爹娘呢？"胡俊接着问。

"他们都被日本鬼子害死了……"说着就哭了起来。

胡俊怜爱地摸摸小来西的头，把他抱在怀里，说："那你跟着我们部队，一起打小日本吧。"

小来西用衣袖擦干了眼泪，然后扬起头说："八路军叔叔，我会打弹弓，还会摔跤，就让我跟着你们吧，我要为爹娘报仇！"

胡俊看小来西很机灵，就答应带着他。胡俊知道小来西很喜欢狗，就让他在部队里喂军犬。

有一次，小来西背了一只竹筐，带了一把镰刀，装成一名小牧童，去给部队刺探军情。当他来到鬼子的驻地相公殿侦察时，看到鬼子喝得醉醺醺的，还不时地打着饱嗝向这里的保长索要粮食。小来西若无其事地放下竹筐，装成是休息的样子，暗地里将鬼子的人数、武器情况都默默地记在心里。之后，他飞速跑回部队，将这些情况报告了部队领导。部队领导得到这一情况后，仔细研究了一下，便指挥部队埋伏在半路上准备伏击回庵东的鬼子。由于小来西的情报非常准确，部队打了一次漂亮的大胜仗，还缴获了敌人不少武器。

1941 年 4 月，小来西跟随朱人俊部队坐船从浦东南渡杭州湾到了三北。在那里，他们得到了新四军队长姜文光等人的帮助,参加了浙东敌后抗日根据地的建设。在与敌伪开展游击战争的过程中,小来西成为三北自卫总队侦通班的一名战士。

1941年10月22日,小来西所在部队与日本鬼子在横河发生激战,但由于敌我实力悬殊,部队损失惨重,姜文光等20多名战士牺牲了。小来西和其他战士拼死突围,突破鬼子封锁线,跑到道路头办事处报告情况,并带领办事处同志将横河战斗中牺牲的战友遗体收殓好。

这时抗日战争进入到非常艰苦的阶段,日本鬼子对浙东的控制不断加强,抗日游击队损失惨重。1941年冬,游击队一批伤员在四明山上养伤,小来西被组织派来负责照料他们。除了给伤员包扎伤口、换洗绷带,小来西还经常冒险下山买药,有时还从老乡那里买来鸡蛋给伤员补充营养。

有一次,部队的药品用完了,急需大量的盘尼西林。小来西主动请示领导让他去买。这天一大早,他就带着一条军犬下山,来到一个小镇,通过那里的地下党员的帮助,顺利地买到了盘尼西林。

药买好以后,小来西就马不停蹄地往回赶路。当他走到一个岔路口时,远远地看见了鬼子的纠察队。小来西灵机一动,赶忙把裤腰带解了下来。他要干什么呢?原来他是要把药品紧紧地拴在军犬身上,让它先回去。他摸了摸军犬的脑袋,拍拍它的屁股。军犬似乎很懂事,箭一样向四明山方向跑去。

鬼子纠察队过来时,小来西装作在路边拉屎。一个鬼子看一个小孩蹲在那边,就嚷嚷道:“干什么的?”

小来西眨巴着眼,结结巴巴地说:“拉屎呢,我实在憋不住了!"

小鬼子朝路边的草丛一甩头,厌恶地说:"一边去!"

小来西赶忙抬起屁股,飞快地跑到了小路上,趁鬼子们不注意,向四明山方向撒腿就跑。到四明山以后,小来西走到茅屋门口,发现那条军犬还在门口溜达呢,看来不等主人回来,它还不进屋了。

尽管药品买回来了,但在山上,由于鬼子围困,部队没有充足的粮食,伤员的营养跟不上,伤口还是愈合得很慢,许多战士都面黄肌瘦。小来西看在眼里、疼在心里,为了给伤员们增加营养、让他们的身体尽快复原,他决心下山去买些食物。

此时正值初冬时节,一到下午就刮起大北风来。瘦弱的小来西穿着小破袄在山路上走着,被风刮得往前跑。不一会儿,小来西就来到了镇上,他在张大伯家买了些鸡蛋,又到李大婶家买了些烧饼,心里还盘算着晚上怎么给伤员们做饭。

买好了以后,小来西用布把篮子盖得严严实实,然后就提着篮子急忙往回赶。这时风越刮越大,小来西低着头、眯着眼、顶着大风往前走。走到岔路口时,他突然看见前面来了几个鬼子。

小来西心想:"完了,碰上鬼子了,鸡蛋怎么办?"他又抬头看了一下,还不止一个鬼子,是一队鬼子。还在犹豫时,鬼子已经走到了他跟前。

走在前面的鬼子用刺刀指着小来西说:"你的,什么的干活?"

小来西清了清嗓子,干脆地回答:"来山上拾草的!"

"篮子里装的是什么?"那个鬼子上来用刺刀挑开盖在篮子上的布检查起来。

一看见是满满一篮子鸡蛋，鬼子马上警觉起来。

“鸡蛋？你的……小八路？”鬼子将刺刀架在小来西的脖子上问道。

小来西一看鬼子怀疑他了，就闭口不答。

“快说，八路的伤员在哪里？”鬼子看小来西像没有听见他说话一样，就用枪托狠狠地砸他的肩膀。

小来西忍着剧痛说：“不知道！”

鬼子气得上来就一脚，踢在小来西的肚子上。年幼的小来西没站住，一下摔倒了，满篮子的鸡蛋都洒在地上。小来西心疼地还想把没破的鸡蛋往篮子里捡。这时，狠毒的鬼子过来照着鸡蛋一脚一脚地踩，连小来西的手都被踩肿了。

小来西挣扎着爬了起来，看着这些杀人不眨眼的鬼子，脑海里浮现出了自己家人被鬼子杀害的惨景，双眼喷出怒火，真想和这些鬼子同归于尽。但是，他不能这样做，不能和鬼子硬拼，得想法子把鬼子引开。

于是，小来西又装作可怜的样子，向这些丧心病狂的日本鬼子求饶，说：“你们饶了我吧，我知道八路军的伤员在哪里，我带你们去找。”

鬼子又踢了他一脚，说：“快点带我们去，小兔崽子，敢耍花样，一枪毙了你！”

小来西带着这群鬼子来到了一座山峰上，他一瘸一拐地走到一处悬崖边，指着下面说：“就在那边，你们看……”

鬼子们都朝着小来西指的方向看去。小来西趁这个机会，一把抓住刚才踢他的那个鬼子的腰带，一起纵身跳下了悬崖。

到了傍晚，四明山上的战士们看小来西还没回来，以为他被鬼子抓去了，派了两名战士出去打探情况。在山路上走着走着，忽然，他们看见路上撒了一地摔破的鸡蛋，还看见许多血迹，知道小来西多半是遇害了。于是，这两名战士顺着血迹往前找，最后找到了悬崖上。当他们来到山脚下时，发现了小来西的尸体。小来西的脸上依然保持着愤怒的表情，战士们伤心地流下了眼泪。

小来西的事迹在部队传开了，大家都非常敬佩他。他为了保卫人民的抗日部队，为了抗日战争的胜利，不畏强暴，英勇不屈，最后献出了自己仅仅14岁的生命。

一个年仅14岁的少年，一切都是那么短暂，但他留给世人的东西是那么绵长。他的英雄事迹激励着千千万万的后来人为革命事业而不懈奋斗，他为国捐躯的革命精神与祖国河山融在一起，永世长存。

参考文献：

1. 抗日英烈//宁波市新四军暨华中敌后抗日根据地研究会. 浙东抗战与敌后抗日根据地史料丛书：第八卷. 北京：中共党史出版社，2001.
2. 宁波市新四军研究会. 抗日小英雄杨来西. 宁波：宁波出版社，2005.
3. 本书编委会. 新四军中上海兵. 上海：上海文艺出版社，2008.

为国捐躯心志高　太行浩气千古传

——记模范儿童团团长李克元

李克元,1927 年出身于山西省武乡县王家峪村的一户农民家庭。1939 年当选为儿童团团长,带领当地的孩子们站岗放哨,为八路军传递情报,多次出色地完成了任务。1942 年,在日本鬼子的“大扫荡”中为掩护同伴而被抓,宁死不屈,最后壮烈牺牲在鬼子的刺刀之下。年仅 15 岁。

李克元,1927 年出身于山西省武乡县王家峪村一户普通的农民家庭。随着日本侵略中国的程度日益加深,抗日战争在中国全面展开,许多农村地区在中国共产党的领导下密切配合打击鬼子,李克元所在的村子也是与八路军配合打击日本侵略者的一支力量。村里建立了儿童团,许多孩子加入了进来。儿童团建立时孩子们曾一起宣誓:“宁可死,也决不暴露八路军的机密!”孩子们认真参加野外的操练,不仅锻炼了身体,增长了军事技能,而且锤炼了坚强的意志,为中国的抗日解放事业贡献了自己的一份力量。

1939 年,12 岁的李克元担任了村里儿童团的团长,领导孩子们与鬼子作斗争。孩子们虽然年纪小,但是心怀着对日本鬼子的深切仇恨和保卫家园的一腔热情。小克元带领着儿童团的团员们为八路军站岗放哨，侦察送信，掩护同志，盘查过路行人。由于孩子们的机智勇敢，他们在配合八路军的作战过程中发挥了重要的作用。

1939年初冬下了一场大雪，团员们像往常一样在路口盘查行人，索要路条。忽然远远地看见一个鬼头鬼脑的人正走过来，一会儿东张西望地看有没有人，一会儿又装作大摇大摆的样子，嘴里还装模作样地哼着《拥军小调》。

小克元带领孩子们从草丛后面闪出，拦在了那人面前，大声喝道："哪里来的？"

那人吓了一大跳，再定神一看，发现是几个小孩，于是立刻放松了下来，嬉皮笑脸道："都是自己人，都是自己人。"

孩子们义正词严地说："什么自己人，你到底是哪里来的？"

此人故作镇定道："我是八路军385旅特务连的，在执行一项秘密任务，要找朱德司令商量，"还趁机探听道，"朱总司令住在谁家呀？"

小克元警惕地说："把路条拿出来给我们看看！"

此人吓唬道："不要耽误了我的正事！"

这时，小克元问道："既然你是八路军，那你可曾参加过八路军为粉碎日本鬼子进攻而组织的'九路围攻'？"

他说道："那是当然了！"

小克元又问道："那你说说第一次围攻是在什么地方？"

此人回答："在武西丘陵地带。"

旁边有孩子惊叫起来："不对！"

小克元用眼神示意他先不要说话，接着问道："你再说说第三次围攻的经过。"

此人结结巴巴地说道："八路军把鬼子包围了……"

"呸！"小克元大声说道，"你根本没参加过，也不是特务连的，你到底是什么人！"

此人看大事不妙，扭头就想逃跑。孩子们一拥而上，将他扑倒在地，拧手的拧手，捉脚的捉脚。小克元还发现此人背后藏着一把手枪，于是立刻没收了。他们大喊道："快来人哪，捉汉奸！"此时，恰巧从附近经过的自卫队队长崔恒林听见了孩子们的喊声，立刻冲了过来。他们把这人五花大绑地押到了县司法科。经过审问，得知此人正是八路军和群众痛恨的大汉奸乔克荣。他曾经带着鬼子们做过不少的坏事，这次他来，就是为了刺探情报。第二天，这个大汉奸就被处决了。

儿童团的孩子们在这件事上立了大功，得到了朱德总司令的表扬。孩子们都非常高兴，团长李克元也在心里暗暗地下定决心，一定要更加努力，不辜负朱总司令的期望。

李克元不仅机智勇敢，领导儿童团的孩子们勇斗汉奸，而且对八路军战士怀着热切的心肠，无私地奉献自己的力量。

1940年秋的一个下午，小克元站岗回来，发现朱德总司令所在的总部门口拴着几匹高头大马，马的鬃毛已经被汗水浸湿，明显是跑了很久的路，旁边还有几名八路军战士在为战马梳理鬃毛。小克元心想，这些战马跑了这么久一定又累又饿。于是他号召儿童团的孩子们去后山割青草来喂这几匹战马。

到了黄昏，孩子们背了几捆草从山上下来，八路军的战马终于吃上了鲜嫩的青草，得到了休整。看着这样的情景，小克元松了一口气，他突然倒在了地上。原来，小克元这些天得了疟疾，病还没有完全好，需要休息，可是他不顾自己的身体，站岗回来就去山上割了整整一捆的青草并背下山来，结果累倒了。八路军的战士知道后不禁赞叹道："真是个铁打的孩子啊！"

还有一次，村长找到了李克元的儿童团，对他们说："孩子们，现在咱们的八路军要和鬼子打一场持久战，中途下不了战场，上级给我们下达了指示，要我们送饭到战场，不送生面，只送熟食！"儿童团迅速向村里的各家各户传达了这个指示。很快，村里飘起了饭香，大家做出了烙饼、蒸面卷儿、贴饼子、绿豆汤、小米饭，甚至还有飘着葱香的片儿汤和豆腐汤。

李克元带着儿童团的团员们背着食物赶往八路军所在的战场。赶了很长时间的路，孩子们又累又饿。于是李克元拿出出发前放在兜里的苦苦菜来分给大家吃。李克元的包里虽然有香喷喷的白面馒头，可是他一想到在战场上拼杀的八路军战士，就觉得自己的这点苦算不了什么了，他要把白面馒头留给浴血奋战的战士们。村长看到小克元和孩子们这样为别人着想，感动得不知道说什么好。

在1942年秋的"反扫荡"中，李克元率领儿童团跟随着自卫队队长崔恒林到村南北岭中段打伏击战。当时，岭下的大道上正走过一队日本鬼子的队伍，日本鬼子的军官还喝得醉醺醺的，骑在马上摇摇摆摆的向前行进。见此情景，李克元说："让我来教训教训他！"

话音刚落，鬼子军官骑着的马肚子上就中了两枪，倒在了地上，鬼子军官也摔倒在地，不晓得东西南北。正在此时，李克元他们飞奔过去，把鬼子军官抬回村里，扔进了枯井，并在井口压上了一块大磨盘。剩下的鬼子兵到处找他们的头儿，结果不但没找到，反倒进入了儿童团的伏击圈，中了地雷。李克元和其他孩子们打了一场漂亮的胜仗。

天有不测风云。1942 年农历 9 月 13 日，凶残的日本鬼子对小克元所在的村子进行大扫荡。为了掩护村里的乡亲们转移，儿童团的团员李二丑和李丙彦向敌人的队伍投了两颗麻尾弹。麻尾弹在鬼子的队伍里炸开。鬼子包围了二人，并对他们进行射击。李二丑不幸中弹牺牲，李丙彦左腿中了一枪，顺势跳下了悬崖，躲在了拐角的一个水洞里。这些儿童团团长李克元都看在眼里，他为同伴李二丑的牺牲而难过，同时为李丙彦可能会被鬼子发现而担忧。

鬼子顺着李丙彦掉落的方向寻来，一个水洞一个水洞地找，用刺刀往里刺，就在快找到李丙彦所在的那个水洞的紧急关头，李克元跳了出来，朝敌人扔了两颗麻尾弹，大叫道："老子在这呢！"

鬼子们向李克元追来。就这样，李克元帮助自己的同伴李丙彦摆脱了危机，他自己却很快被敌人捉住了。鬼子威胁他说出八路军的人数和所在的地点，否则就要杀了他。

李克元一声不吭，同时眼睛注视着鬼子前进的方向——他们就快进入八路军事先设下的埋伏圈了！敌人刚进埋伏圈，就响起了阵阵枪炮声，鬼子被打得措手不及。他们丢盔弃甲，狼狈逃窜，其间又踩到了八路军事先埋好的炸弹，被炸得人仰马翻。

看到此种情景，李克元开心地大笑起来。鬼子暴跳如雷，用刺刀狠狠地刺向了李克元。李克元就这样壮烈牺牲了，年仅 15 岁。

当天晚上，全县军民在文昌塔下为李克元和李二丑开了追悼大会，并追认李克元、李二丑两人为烈士，同时号召所有人都学习他们的英勇精神。

先烈已逝，他们的故事却一直在广袤的太行山区不断地被人们传颂着。这些故事告诉我们一代又一代的人：无论何时，只要我们中华民族有难，所有的同胞都要奋起抵抗，捍卫我们民族的独立。

参考文献：

1. 王建华. 武乡人物志. 太原：山西人民出版社，2003.
2. 闫绍军，李俊亭. 军徽闪闪：听解放军叔叔讲故事. 北京：中国少年儿童出版社，2007.
3. 丹琳. 寻访儿童团战友. 北京：中国文联出版社，2008.

宁为抗战洒尽血 不流屈膝投降泪

——记儿童团团长王璞

王璞，河北省完县野场村人，从小跟随父母进行抗日斗争。1940 年，王璞被选为村里的儿童团团长，和小伙伴们一起为八路军站岗放哨、查路条，工作认真负责。在"地雷战"中，他学会了布雷、制雷。1943 年 5 月 4 日，在日本鬼子的"大扫荡"中，王璞和乡亲们被鬼子抓住，宁死不屈，最后全部被杀害。新中国成立后，王璞被共青团中央授予了"全国十大少年英雄"的光荣称号。

王璞，1929 年出身于河北省完县野场村的一户普通的贫苦农民家庭。1937 年 7 月 7 日，在小王璞开始懂事的时候日本鬼子发动了"卢沟桥事变"，抗日战争全面爆发，战争的火焰很快就烧到了他的家乡太行山地区。对日本鬼子的民族仇恨的烈火在小王璞的心中渐渐燃起，于是小小年纪的王璞就开始跟随着父母从事抗日工作。

抗日战争爆发之后，在八路军的带领下，全国人民奋起抵抗日本鬼子的侵略。

这天，村里来了八路军的骑兵营，一个小号兵"嘟嘟嘟"地吹起了小号，吸引了村里很多小孩。孩子们围着小号兵好

奇地问东问西。小号兵问大家:“我教你们唱打鬼子的歌好吗?”孩子们都说好,大家高兴地跟着小号兵唱了起来:

“风在吼,马在叫,
黄河在咆哮!
黄河在咆哮!
河西山冈万丈高,
河东河北高粱熟了。
万山丛中,抗日英雄真不少,
青纱帐里,游击健儿逞英豪!
端起了土枪洋炮,
挥动着大刀长矛,
保卫家乡!
保卫黄河!
保卫华北!
保卫全中国!”

孩子们唱得慷慨激昂、精神抖擞,恨不得立马冲上战场杀敌去!

不久,王璞所在的村子成立了儿童团,11 岁的王璞被推选为儿童团团长,整日里带领伙伴们为八路军站岗放哨、传递情报、查路条,工作得非常认真、仔细。

一天上午,王璞带领着儿童团员山虎照常来到村头放哨。两个人分别爬到村口两棵大树的树杈上往远处张望。炎炎夏日,他们很快就汗流浃背。虽然很想找个凉快的地方歇息一下,但是两个小伙伴依旧坚守在自己的岗位上。不一会儿,他们看见有个人影往这边移来,一边走还一边东张西望。王璞和山虎立即滑下树来,可是再一看,那个人转眼就不见了!

王璞再爬到树上，发现那个人开始往回走了。王璞心里嘀咕道："那个人不是来村里的吗，怎么又回去了？该不会是看到我们在这放哨所以才改变了方向？"

他心里开始警觉起来，于是叫山虎立即回村喊人，自己则快步追了上去。他抄近道跑到了来人的前方，然后大喝一声："站住！"

那人被吓了一大跳，一屁股坐在了地上。

王璞快步冲上前去，问道："你是干什么的？"

来人心虚地答道："过路……过路的……"

"为啥不走大路，还偷偷摸摸的？"

"天太热，走这小路凉快啊……"

"凉快？把路条拿出来！"

"路条？路条……我看看！"说着那人就在兜里摸了起来，摸了半天，没摸到什么，说道："小鬼，我忘记带了，我有正事要办，你就让我过去吧！"

王璞厉声说道："正事？有正事还不带路条？跟我去村公所！"

来人一听要去村公所，狠狠地推了王璞一把，然后转身向后拼命跑去。王璞被推倒在地，又迅速地站起来去追那人，边追边喊："快来抓坏蛋啊！"

那人跑着跑着，忽然发现山虎带着村里的人迎面过来了，堵住了他的去路。他又扭头往王璞跑去，猛地推开王璞想逃。可是最终还是被王璞、山虎联合村里来的人抓住了。

经过审问，这人果真是敌人派来的特务。小小年纪的儿童团团长王璞由于自己的勇敢机智而立了一功！

在抗日战争时期，对付鬼子的"扫荡"，"地雷战"发挥了很大的作用。王璞不仅学会了布置地雷，还学会了制造地雷。他和儿童团员们按照八路军的教导自制地雷：扫硝、熬硝、配火药、晒干，把火药装进墨水瓶子里，再安上引信，一个地雷就做好了。孩子们给这种地雷起名叫做“瓶瓶雷”。

儿童团制造的“瓶瓶雷”还真派上了用场。这天，王璞背着竹筐去山上割草。到了割草的地方，他把竹筐放下，发现里面有昨天放进去晾晒的两个“瓶瓶雷”，原来是忘记拿出来了。为了防止“瓶瓶雷”受潮，王璞把两个“瓶瓶雷”放在了旁边的大石头上，然后就去割草了。

正当他割草割得起劲的时候，忽然发现后面有两个鬼子和一个汉奸打扮的人走了过来。当他正要跑的时候已经来不及了。

汉奸走过来问道：“干什么的？”

“俺割草的。”

旁边一个小鬼子气势汹汹地说道：“你的……带路……去找八路！”

王璞心想：“没门儿！”可是他没有吭声，站着不动。

这时汉奸推了他一下，狗仗人势地叫嚷道：“听见没？太君叫你带路！”

机智的小王璞脑袋里灵光一闪，忽然心生一计。他顺从地说道：“好！不过我肚子好疼啊，我先去拉屎，马上就过来。”

汉奸和鬼子料想这孩子跑也跑不了，于是就说：“赶紧的！”

“嗯嗯……”小王璞答应着，就往大石头的方向跑。跑到大石头后面，他蹲了下来，偷偷地把石头上晾着的两个“瓶瓶雷”摸在手中，然后趁鬼子点烟的工夫迅速地把“瓶瓶雷”的引线用细线连到了附近的小树上。

过了好一会儿，鬼子和汉奸抽完了大烟看到王璞还没动静，汉奸喊道：“臭小子，好了没？”

没人答应。汉奸气急败坏地冲到石头后面去找，正好被王璞绑住的细线绊了一下。“瓶瓶雷”瞬间炸开了，“嘭”的一声，把狗汉奸的脸炸开了花。鬼子听到声响都吓得趴在了地上，动也不敢动。正巧此时，附近巡查的民兵路过，他们发现了鬼子和汉奸，迅速把他们抓了起来。

王璞和小伙伴们自制的“瓶瓶雷”的威力真不小啊！

转眼到了1943年春天，抗日战争已进入第6个年头，战争进行得更加惨烈。日本鬼子实行“烧光、杀光、抢光”的“三光政策”，凶残无度地在抗日根据地进行“大扫荡”。面对鬼子的“扫荡”，广大的中国人民并没有畏惧，他们在共产党的领导之下，坚决地与日本鬼子对抗。

野场村的老百姓在共产党的领导之下，家家户户都把粮食藏了起来，把水井也封了起来，能转移的转移，转移不了的实行“坚壁”，大家还把八路军留下的一些枪支弹药和衣服之类的东西都埋了起来。

儿童团员们也不甘落后地行动起来，在团长王璞的带领之下，孩子们在村里小学的墙壁上贴了一张《抗日公约》，内容是：

“我们是抗日儿童团，誓同日本帝国主义斗争到底，我们坚决做到以下几点：不上鬼子学，不念鬼子书；不吃鬼子糖，不上鬼子当；不向鬼子说实话，不给鬼子带路；不暴露八路军，不说出村干部。”

1943年5月1日，日本鬼子对野场村进行“大扫荡”，可是当他们来到村子里的时候，却连一个人影都没见到，也抢不到粮食，找不到水井投毒，只看见满街满墙贴满了宣传抗日的标语和漫画，鬼子们气得“哇哇”大叫。原来乡亲们都提前转移了，壮年男子跟着八路军去打仗，剩下的老弱妇孺都躲到附近的桃树沟里去了。

虽然乡亲们都躲了起来，可是小王璞仍然认真履行着儿童团团长的职责，每日早起站岗放哨，探查鬼子动静。

5月7日的大清早，王璞像往常一样早早地起身来到沟边，忽见不远处人头攒动，还架起了一排排机枪！原来是村里怕死的地主为了自己的狗命去跟鬼子告了密，鬼子当晚就把乡亲们躲藏的桃树沟包围了起来。

天大亮了，鬼子们端着机枪把乡亲们都押到了一块几十平方米的空地上，然后围了起来。鬼子拿着汉奸给的名单让村干部、干部家属和烈属一个个地站了出来，小王璞和妈妈挺身站在了最前面。

鬼子走上前来揪着小王璞的领子大声喝道：“你的……小八路？”

王璞摇了摇头。

鬼子又大声嚷道：“你是八路的干活！”

王璞扭头大声道：“不是！”

小鬼子生气地用枪托冲着王璞的腿上使劲地砸，王璞身子晃了一晃，又挺住了。他心中充满了对鬼子的愤怒之情，他决不会在鬼子面前弯腰的！

接着，鬼子队长冲着人群“哇哇”乱叫了一通，汉奸翻译道：“太君问你们，八路的枪支弹药、粮食都藏在什么地方？

老实交代，饶你们不死！”

乡亲们谁都没有吭声。

这时候，王璞的妈妈站了出来，愤怒地对汉奸说：“你们逞什么凶，等到八路军回来了，有你们好看的！”然后，她转过身去对乡亲们说：“大伙儿，咱们别怕，等八路军回来了，会为咱们报仇的！咱们宁可抗战死，不做亡国奴！”

乡亲们也跟着一起高声喊道：“宁可抗战死，不做亡国奴！”

身为儿童团团长的王璞还带领着儿童团员们高声朗诵《抗日公约》。

鬼子看到了这样的场景，气得快冒烟了。气急败坏的鬼子用机枪对乡亲们进行一阵扫射。小王璞以及其他视死如归的父老乡亲们就这样全部被鬼子残忍地杀害了。这次事件，也叫做“野场惨案”。

小英雄王璞牺牲了，可是他的精神激励着世世代代的少年儿童从小就为了民族、为了祖国的利益而不断奋斗。

参考文献：

1. 韩盼山，丁殿民. 王璞. 北京：中国少年儿童出版社，1977.
2. 共青团中央少先队工作委员会，四川少年儿童出版社. 中国现代少年英雄传：王璞. 成都：四川少年儿童出版社，1985.
3. 共青团河北省委青运史研究室，张力，郑景兴. 河北青运史资料论文选. 石家庄：河北人民出版社，1992.

血染夕阳分外红　情动人民代代传

——歌唱二小放牛郎

王二小，1928 年出生于河北省涞源县上庄村。1940 年，因父母双亡、家中无亲而离开所在的村子投奔八路军，当年 5 月到大户人家里放牛，当起了放牛娃，同时加入儿童团。1941 年，为了保护乡亲们和伤员、掩护八路军的后方机关，他挺身而出，把敌人引入了八路军的包围圈，后被恼羞成怒的敌人残忍杀害，年仅 13 岁。

牛儿还在山坡吃草，
放牛的却不知哪儿去了。
不是他贪玩耍丢了牛，
那放牛的孩子王二小。
九月十六那天早上，
敌人向一条山沟扫荡，
山沟里掩护着后方机关，
掩护着几千的老乡。
正在那十分危急的时候，
敌人来到这个山口，
昏头昏脑地迷失了方向，

抓住了二小要他带路。
二小他顺从地走在前面，
把敌人带进我们的埋伏圈，
四下里乒乒乓乓响起了枪炮，
敌人才知道受了骗。
敌人把二小挑在枪尖，
摔死在大石头的旁边，
我们的十三岁的王二小，
英勇地牺牲在山间。
干部和老乡得到了安全，
他却睡在冰冷的山里，
他的脸上含着微笑，
他的血染红蓝的天。
秋风吹遍了每个村庄，
它把这个动人的故事传扬，
每一个老乡都含着眼泪，
歌唱着二小放牛郎。

这是一首我们耳熟能详的民歌。这首优美的民歌被人们传唱了几十年,歌中的故事影响了几代人。故事中的主人公,也是我们这篇文章的主人公,他的名字叫做王二小。

王二小,原名王朴,1928 年 1 月 22 日出身于河北省涞源县上庄村的一户贫苦农民家庭。二小的家乡是八路军的敌后抗日根据地,因此常常受到日本鬼子的“扫荡”。他的父亲被日本鬼子的炮弹炸死,母亲被活活饿死,哥哥又因受到日本鬼子的压迫而逃跑了,家里只剩二小一人。

1940 年春的一天,年仅 12 岁的王二小走投无路,为了躲避鬼子的追捕，带着对日本鬼子刻骨的仇恨连夜赶路去寻找八路军。一路上不知跌了多少跤、摔了多少跟头。他晚上睡山洞，在野外要时时躲避野狼的追赶，还常常冒着暴雨赶路，难得吃上一顿饱饭。在这年5月的一天，历尽了千辛万苦的王二小终于因饥渴和疲劳昏倒在路边。

这天晚上，开完会回来的狼牙口村委会主任高林山发现街边躺着一个昏迷的孩子，于是他赶紧把这孩子抱回了家。到了家里，他让妻子熬了一碗姜糖水给孩子喝，还给他换下了衣服，二小终于恢复了一点精神。高林山问他："孩子，可醒过来了，你叫啥名字啊，从哪儿来？"

"俺叫王二小，住在六区上庄，鬼子打死了俺爹，俺娘也被饿死了，哥哥被鬼子逼着做苦工逃掉了，俺家就剩俺一个……"二小说着难过得哭了起来，"俺要找八路军，为俺爹、俺娘报仇！"

高林山安慰二小道："这里是巩固区，俺们农会会照顾你的。"

不久，高林山将二小安排给一户刘姓的大户放牛以谋生，从此二小成了一名放牛娃。

当时中国共产党晋察冀军区一分区独立师老一团的骑兵连就驻扎在这一带，因此当地成立了儿童团，二小也积极地加入了儿童团，成为了一名小小儿童团员。他和小伙伴们一起操练，查看过路行人的路条，一边放牛一边为八路军站岗放哨、传递情报。儿童团还有自己的团歌：

"我们是儿童团员，

我们为抗日站岗。

手握着红缨枪呀，

哪怕那个风雨狂！

你要想过路么？

请你拿出路条！”

1941年11月4日（农历九月十六日），二小正在狼牙口村狼牙沟门外的山坡上放牛，忽然瞥见不远处有一队日本鬼子，他们是趁着八路军兵力派往别处、此处兵力空虚来扫荡的。此时山沟里隐蔽着八路军的后方机关和伤员，还有不少的乡亲，万一被鬼子发现，不仅八路军的后方机关会受损，乡亲们和伤员也会遭殃！可是鬼子已经离得这么近，现在回去报告已经来不及了。二小看在眼里、急在心上。忽然他脑袋里灵光一闪。为了保护后方机关和群众，八路军的骑兵连早就埋伏在石湖旮旯的石头岭子上。要想保护后方机关和乡亲们，方法很简单，只要把鬼子们引入八路军的埋伏圈就可以打他个措手不及！

这一瞬间，二小想到的只有乡亲们的安危，而把自己可能面临的危险置之度外，他故意暴露在敌人的视线之下。鬼子果然发现了二小。他们现在正晕头转向不知往哪条路上走，正好碰见二小，于是把他抓了过来问路。

鬼子队长急忙问道：“小孩！你的……干什么的？”

“俺是放牛的！”二小镇静地回答道。

鬼子队长接着问：“我问你……八路的……在哪里？”

“俺是放牛的，俺啥也不知道！”二小装得像个傻子一样答道。

“你的……老实交代……给你金票，不然……死啦死啦的！”

二小装作很害怕的样子，颤抖着说：“不要杀俺，俺说俺说……俺今天看见了，有不少八路开到南方的马庄子去啦。”

鬼子两个眼珠子骨碌一转，说："小孩……不要……说谎！"

二小机智地与他周旋："俺没说谎，您饶俺一条小命吧！"

鬼子狡猾地说道："你的……带路！"

从狼牙沟门往东走是乡亲们和伤员以及八路军后方机关所在的范庄旺村，而二小则带着鬼子往相反的方向走去。这是一条死路，山谷尽头是高高的立崖，直上直下如同被刀劈过一般。正是怀着舍生忘死的念头，二小把敌人引向了八路军埋伏的石湖旮旯。

河滩上有许多大小不一的石头，坑洼不平。几个鬼子一不小心就摔倒在地，跌得龇牙咧嘴。他们哇啦哇啦地叫道："小孩！你的……带的是……什么路！"

二小撇嘴道："只有这一条路了！"暗地里却因为看到鬼子的狼狈相而哈哈大笑。

鬼子们跟着二小大摇大摆地进了山沟。说时迟那时快，看到鬼子进了伏击圈，个个又疲惫不堪，二小机灵地从山脚往山上跑。正在这时，石岭子山上的八路军骑兵连吴连长"砰"地一枪打死了正用枪瞄准二小的鬼子。在他的指挥下，几颗子弹"嗖嗖"地窜出来，几个鬼子应声倒地。接着，四下里响起了八路军的枪炮声。鬼子被打得措手不及。他们有的朝山上开枪，可是由于射程太短，子弹发挥不了作用；有的往山上扔手榴弹，可是由于山壁太高，手榴弹被弹了回来，在鬼子窝里炸开了花，鬼子反倒被自己的手榴弹炸得人仰马翻……

鬼子气急败坏地叫道："上当！上当！"

此时，二小已飞快地跑到了一块大石头旁。鬼子队长急忙追了上去，举起洋刀朝二小砍去。第一刀砍掉了二小右手的五根指头，第二刀刺在了二小的胸膛之上。残忍的鬼子还把瘦弱的二小用刀挑起来摔到了大石头上。二小的殷殷鲜血流了出来,染红了身下的石头。

不到一袋烟的工夫,八路军就把这一队鬼子给收拾了。他们冲下山来,扑到了二小的身边,此时二小还有气,于是大家把二小和另外两位受伤严重的八路军战士抬到了刘家庄。可是最后因为伤势过重,三人先后与世长辞了。就这样,年仅13岁的放牛娃王二小永远地长眠在了刘家庄的深山老峪里!

二小牺牲之后,他的英勇事迹传遍了解放区的每个村庄,每个乡亲都为二小的行为感动落泪。当时在晋察冀边区工作的文艺战士方冰和劫夫听闻此事,也不禁唏嘘感慨。他们为了纪念这位年仅13岁的小英雄,仅仅用了半天的时间就合作创作出了一首缅怀王二小的歌曲——《歌唱二小放牛郎》。这首歌以叙事的手法介绍了二小的感人事迹,从此在各地传唱。

在那个战争年代,小小年纪的放牛娃王二小就有如此过人的气魄和胆识。今天的我们,要以英雄为榜样,好好学习他们英勇不屈的精神和为了祖国、为了人民甘愿奉献自己一切的动人品质!

英雄已逝,英名永存!

参考文献:

1. 邢野. 王二小放牛郎. 北京:中国少年儿童出版社,1963.
2. 陈模. 少年英雄王二小. 石家庄:河北少年儿童出版社,2002.
3. 高海虹等. 抗日小英雄小故事. 上海:上海教育出版社,2005.

机智勇敢小英雄 舍己为人大奉献

——记宁死不屈的儿童团团长李爱民

李爱民，1930年出生于山西省武乡县白家庄。他在抗日战争时期任村里的儿童团团长，经常给八路军和民兵送信、带路，贴抗日标语，宣传抗日，立下了许多功劳。1943年，为了掩护收麦子的村民撤退，牺牲在日本鬼子的刺刀之下，年仅13岁。

1937年7月，日本鬼子发动了全面侵华战争，他们在中华大地上无恶不作，犯下了滔天罪行。1942年，正当春暖花开之时，日本鬼子侵占了武乡县白家庄，还在村子里修了炮楼，乡亲们都在顽强地和日本鬼子进行斗争。

有一天，八路军的钟营长急匆匆地来到白家庄，找到民兵团团长说："现在有一封很重要的信，要找一个能干的人送到东沟去。但是我们的战士都在准备战斗，一时抽不出人来，你们可以派一个合适的人去吗？"

"儿童团团长李爱民非常机智勇敢，我看他能完成这个任务。"民兵团团长笑着说。

于是，他们把正在站岗的李爱民找来，将这个任务交给了他。李爱民一看信上粘了几根鸡毛，就知道这封信很重要。

钟营长摸着李爱民的头说："这封鸡毛信很重要，你马上抄山路,把它送到东沟的民兵那里。”

李爱民将信件仔细收好,郑重地对钟营长保证道:“我一定完成任务!”

钟营长笑着对李爱民说:“好,好,你是村里的儿童团团长,我们相信你。去东沟要经过敌人的封锁区,在路上一定要小心啊。”

为了不让敌人怀疑,小爱民特地把自己装扮了一番,戴着一顶破旧的草帽,拿着一把镰刀,牵着一头小毛驴,把鸡毛信小心地藏在袜子里,就这样上路了。

由于时间紧迫,小爱民牵着小毛驴抄小路快步朝东沟走去。小路上尽是乱草、荆棘,小爱民的脚被小石子弄破了,两条小腿也被划了几道口子,但他顾不上这些,心里只想尽快把鸡毛信安全送到东沟。越过两条小河沟,爬过几道山冈,他来到了一个岔路口。他抬头一看,前面不远处有两个鬼子在嘀咕什么,这时他知道自己已经到了敌人的封锁区。此时,日本鬼子已经发现了他,想躲也来不及了。

怎么办呢?小爱民突然想起出发时钟营长嘱咐他的话:“路上遇到情况要沉着,见机行事。”他两颗黑眼珠子一转,往四周看了看,看见不远处有一摊很稀的驴粪,马上有了办法。他走过去,用脚使劲地踩了一下那驴粪,驴粪溅了他一身。他顾不得脏和臭,大摇大摆地把驴牵到沟里割起草来。

那两个日本鬼子跑了过来,其中一个像日本军官,抓住小爱民的衣领子大声喊道:“八格呀噜,你是什么的干活?”

小爱民装作傻乎乎的样子,呆呆地站在那里。

鬼子军官瞪着大眼叫道:“八路的探子?抓起来!”

小爱民装作惊慌的样子,结结巴巴地说:“长官,俺是放驴的。”

一个年轻的鬼子走过来，在小爱民身上搜了起来，搜了两下什么也没搜到，就被小爱民身上的臭味熏得直捂着鼻子走开了。

这时，鬼子的兵营吹起了号声，鬼子急着要走，狠狠地踢了小爱民几脚，厉声喊道：“赶快滚，这里不准放驴！”

小爱民牵着驴迅速来到东沟，将鸡毛信交给了那里的民兵。民兵连长接到信，又怜惜又佩服地说：“真不简单呀，你这是从鬼子的鼻子底下闯过来的啊！”

由于这封信送得及时，第二天，东沟的民兵顺利地配合八路军打下了鬼子的据点。

张贴抗日标语、宣传抗日主张是抗日工作的重要组成部分，作为儿童团团长的小爱民非常积极地参加了。有一次，天刚蒙黑，村里的王七叔把儿童团员们召集到一起，在小爱民家开会。小爱民的妈妈看见王七叔提着一桶糨糊，感到很奇怪，于是问他：“这是做什么啊？”原来，王七叔要组织一个儿童武装宣传队，准备趁着夜色到伪军的炮楼周围张贴抗日标语、散发抗日传单。

不一会儿，王七叔看儿童团员们都到齐了，就说：“今晚，咱们要执行一个重要任务！”

“是什么任务？我们要去打鬼子么？”小爱民兴奋地问道。

“是比打鬼子还重要的任务，我们今晚要去伪军的炮楼周围张贴标语、散发抗日传单。”王七叔说。

“好啊，好啊。”孩子们都很高兴，“这太好玩了。”

“这可不是闹着玩的，大家要胆大心细，一切行动听从我的指挥!”王七叔命令道。

会议结束后,王七叔带着儿童团员们摸到了伪军的炮楼附近。

四周静悄悄的。借着微弱的月光,儿童团员们隐隐约约地看到炮楼上有几个哨兵在走动。孩子们屏住呼吸,等待着王七叔的命令。

过了一会儿,看敌人没发现什么,王七叔便开始布置任务了。几个儿童团员爬到炮楼下面的一道土坎上将传单用土块压住,几个比较灵活的孩子迅速在炮楼对面的墙上贴上标语。很快,任务就完成了,大家脸上露出了笑容。但是,还有剩下的几张标语,贴到哪里去呢?小爱民看了看伪军的炮楼,低声对王七叔说:“七叔,我想把这几张标语贴到炮楼上面去。”

王七叔想了想,小声对他说:“好是好,但是这有些危险,容易引起伪军哨兵的注意,你有把握么?”

小爱民说:“我想到了一个办法,你看行不?”他贴着王七叔的耳朵小声讲他的想法。

“好办法,就这么办。”王七叔高兴地说。

只见小爱民朝炮楼的北侧爬去。那里比较黑,没有敌人的哨兵。王七叔轻轻地走到炮楼南侧,故意站起来跑了两步,又迅速趴下来。敌人哨兵发现有人影晃动,连忙喊道:“这边有人!”紧接着,一阵枪声传了过来,敌人被吸引到了南侧。

小爱民趁敌人不注意,飞快地将手中的几张标语贴在了炮楼墙上,又迅速翻下土坎,然后消失在黑暗之中。

天亮后,放眼望去,敌人炮楼周围到处都是抗日标语:“打倒日本帝国主义!”“中国人不打中国人!”“不要替日本人当炮灰!”“严惩不抵抗军人!”那些伪军看见自己的炮楼竟然成了宣传抗日的阵地，嘴巴都气歪了。

1943年，小爱民的家乡白家庄沦陷为日本鬼子的阵地，村民们只好转移到东沟。但是辛辛苦苦种的庄稼不能白白地送给鬼子呀！于是，村长就和村民们商量，决定夜里去收麦子。

夜色漆黑，只有远处鬼子的炮楼上不时地射出探照灯的光。小爱民和村民们来到麦地，在黑暗中悄悄地挥动镰刀割麦。天快亮的时候，村长指挥大家将麦子捆好，准备撤回东沟。

村长走到小爱民跟前，对他说："爱民，你走在前面，一有情况就大声咳嗽三声，乡亲们好迅速转移。"小爱民听了，二话没说，背着一小捆麦子，走在前面，不时警觉地望着四周。

眼看就要走出敌人的封锁区了，已经能看到东沟了。忽然，右面传来一声枪响，接着便看到几个鬼子的身影向这边移来。小爱民心想："坏了，肯定是碰到鬼子的游动哨了。怎么办，把我抓起来不要紧，乡亲们要是暴露了，那损失可就大了。"

来不及细想，小爱民就大声咳嗽了三声，并朝河滩的方向快步跑去，好让乡亲们知道有情况。大伙听到小爱民的咳嗽声后，迅速疏散到路边的庄稼地里。

"砰"的一声枪响，小爱民的左腿被打中了，他摔倒在地上。

几个鬼子气势汹汹地跑过来，戴着眼镜的翻译官大声问道："你是干什么的？为什么看见我们就跑？"

"我来收麦子呗。"小爱民说。

"你是哪个村的？"

"白家庄。"

旁边的鬼子军官一听说是白家庄的，就让翻译官问白家庄的老百姓都躲到哪里去了。小爱民望着翻译官说："太行山里呗。"

"你撒谎，肯定就在附近，你的前面带路。"狗翻译官用手推着小爱民说。

小爱民看了看乡亲们躲藏的方向，估计他们已经安全转移了，脸上露出了一丝微笑。

看到李爱民好像没听到他说话一样，那个狗翻译官气急败坏地说："你听到没有，快说你们庄里人都跑到哪里去了。"李爱民还是一动不动。

就在这时，一个小鬼子来报告说："庄里的麦子已经被割完了，不知道运到哪里去了？"鬼子军官一听，急了，用脚踹向小爱民，一脚又一脚。小爱民倒在了地上。

鬼子军官踢了半天，见他死活不屈服，恼羞成怒，抽出大刀就向小爱民刺去。

这位13岁的小英雄，为了保护乡亲们和根据地的粮食，献出了自己年幼的生命。他英勇抗日的精神在他战斗过的地方，将被世世代代发扬光大。

参考文献：

1. 杨永青. 李爱民. 北京：中国少年儿童出版社，1966.
2. 胡安. 中国革命历史故事（五）. 北京：中国少年儿童出版社，1982.
3. 共青团中央少先队工作委员会，四川少年儿童出版社. 中国现代少年英雄传：李爱民. 成都：四川少年儿童出版社，1985.

天地犹记小英雄　岁月不忘铮铮骨

——记小英雄谢荣策

谢荣策，辽宁省辽中县茨榆坨村人。1947 年，谢荣策加入了村里成立的儿童团并被选为团长，负责为解放军站岗放哨。他聪明机智、胆大心细，在村里做了不少好事，立了不少功劳。1948 年，他在敌人的突袭中不幸被捕。面对敌人的威逼利诱，他坚定不移。后于当年农历二月初三英勇就义，年仅 17 岁。

谢荣策，1931 年 11 月 13 日出身于辽宁省辽中县茨榆坨镇茨榆坨村的一个贫苦的农民家庭。母亲靠为别人当奶妈赚取的微薄收入勉强供应小荣策读了两年书，但是最终由于生活所迫，小小年纪的谢荣策就不得不外出去讨活计，成为地主家里的小牛倌、小猪倌，长期给地主放牛、养猪，受尽了地主老财的百般虐待、剥削和欺凌，幼小的心灵里埋下了对地主老财、对旧社会的仇恨的种子，同时也形成了他刚毅、坚强、不肯服输的性格。

1947 年春，解放战争渐渐步入尾声，小荣策的家乡解放了。村里派来了共产党的土改工作队，负责土改工作的是共产党员肖洪义。村里还成立了农会和儿童团，小荣策加入了儿童团，孩子们还选他担任了儿童团的团长。儿童团负责给解放军站岗、放哨、传递消息和查路条等，这些工作看似轻松却责任重大，小荣策和小伙伴们都非常地认真负责。

一天早上，儿童团员们正在照例站岗。忽然，一个儿童团员发现前方不远处有一个人影渐渐移了过来。他们都在想："这么大清早的，会是谁呢？"

人影渐渐靠近，是一个农民打扮的人，看起来不像本村人，一边走还一边鬼鬼祟祟地东张西望。这时，小荣策忽然从树后闪身出来，喝道："站住！干什么的？"

那个人被忽然窜出的小荣策吓了一大跳，转而又嬉皮笑脸地说道："嘿嘿，不干什么，走亲戚的。"

"到哪家的？把路条拿出来看看！"

"到后街……"那人心虚地说道："走亲戚还要什么路条啊，不让过我就回去呗……"

他转身刚想溜，小荣策大声喊道："抓住他！"孩子们一拥而上，把来人扑倒在地，然后绑了起来。

儿童团员们把这人带到了农会。经过调查，发现这个人果然不是什么好人，他是国民党从别处派来的特务，专门来刺探情报的。

儿童团员们虽然立了功，但是谢荣策心里还是有块石头放不下来。他注意到来人所说的要去后街，而后街只住着郭侉子一户人家，他心想，这特务找郭侉子干什么呢？他又联想起，上次敌机来村里轰炸之前，郭侉子家的后院里有一道光柱射向了天空，像是在给敌机打信号！

这么一想，谢荣策越来越觉得情况好像非常严重，他的脚步也不知不觉移到了郭侉子的家门口。

幸好郭侉子此时不在家，只有两个孩子在院子里玩。他们看到谢荣策走了进来，有点不知所措。忽然，大一点的孩子指着小荣策身穿的破旧的黄呢子军大衣说："你的这件不如俺爹的那件好看！"

小荣策心里一怔："郭侉子只是个染匠，怎么会有军大衣？"

他连哄带骗地叫两个孩子把郭侉子的大衣拿了出来。果然是件军大衣！

他知道事情紧急，迅速跑回去通知了肖队长。肖队长于是立刻派人把郭侉子抓了起来。经过审问得知，郭侉子果然是国民党反动派派来的潜伏在村里的特务，上次国民党敌机轰炸，就是他打的信号，那个特务来找的就是他！不久，肖队长就派人处决了这个祸害。小荣策因为自己的胆大心细又立了一大功！

小荣策工作的积极认真和胆大心细还表现在另一件事上。抗日战争结束后，老百姓的生活苦不堪言，许多人家里的炕上根本没有炕席，而且家中连一条能穿出门的像样点的裤子都没有，往往都是一条裤子由一家几口人轮换着穿。因此不久，农会在村里组织了土地改革和"斗地主、分浮财"的活动，儿童团员们就负责监视村里地主的一言一行。

村里有个地主名叫宋长义，由于在村里作恶多端，大家给他起了个外号叫"宋四坏"。土改工作一开始，他见势不妙，于是在夜里偷偷地把家里值钱的东西都埋了起来。这一幕正好被认真侦察的小荣策看到了。在"斗地主、分浮财"的活动中，农会叫他交出浮产，宋四坏装作可怜巴巴的样子说道："我家根本没有什么东西……"

这时，小荣策从人群中跳出来，气愤地说道："胡说！我亲眼看见你把家里的东西埋起来了!”接着,小荣策带领大家来到宋四坏的家里,从东厢房和猪圈的地下挖出了许多贵重的物品和粮食。

大家都夸小荣策胆大心细、认真负责,是个值得信赖的小儿童团员!

转眼到了1948年春,为了集结兵力打击敌人,驻在茨榆坨村的解放军都被调去了其他地方,离开了沈阳地区,村里兵力空虚,于是农会的队长肖洪义组织起了全体干部、民兵和儿童团员们,准备抵抗敌人可能到来的骚扰。

而此时,一直流窜在附近的国民党新一军军部骑兵团——尚其悦骑兵团趁着沈阳地区兵力空虚之际,越过辽河一带向沈阳骚扰,一路上还勾结当地的土匪、恶霸、土豪劣绅组成所谓的“返乡团”,准备实施疯狂的报复。

一天早晨,敌人突袭了茨榆坨村。谢荣策和肖洪义不顾个人安危,掩护农会的同志和乡亲们转移之后才分头离开。可是正当谢荣策和哥哥谢荣怀走到村子西面的一座小土丘时,被反动派发现了。敌人飞快地追了上来,枪口对准他们凶狠地问道:“你们是干吗的?”

谢荣策镇定地答道:“我们是学生。”

“学生?我看不像,带走!”

敌人把谢荣策和哥哥捆了起来,押回了村子。

村里的地主宋四坏看到国民党来了,穿上长袍洋洋得意地走出了家门。当他来到关押着谢荣策等人的大院时,幸灾乐祸地大声说道:“哟!这不是我们大名鼎鼎的儿童团团长嘛!”

敌人听到叫声,飞快地冲了出来,知道了原来谢荣策就是儿童团团长,想从他嘴里套出有用的东西。当晚,敌人把谢荣策等人带到了驻地，亲自拷问。

敌人开口问道："郭团长是你们弄死的吗？"

谢荣策轻蔑地笑道："郭侉子？是又怎么样，他给你们的飞机打信号，害死我们许多乡亲，死得活该！"

敌人气得咬牙切齿，连声问道："你们的军队哪去了？农会的干部哪去了？村里人呢？"

谢荣策坚定地说："不知道。"

"不说？小心我一枪崩了你！"

谢荣策轻蔑地瞥了他一眼，说："别拿枪来吓唬人，既然来了我就没打算活着回去，我什么都不会说的。"

"给我打！"敌人愤怒地嚎叫起来。

接着，皮鞭像雨点一样落在了小荣策瘦弱的肩膀上。凶残的反动派不仅用鞭子抽打谢荣策，还让他坐"老虎凳"，给他灌辣椒水，用竹筷夹他的手指……敌人把能用的酷刑都用上了，可是谢荣策依旧咬紧牙关，一声不吭。

敌人看谢荣策不吃硬的，于是又来软的。当晚，他们给谢荣策松了绑，又安排了一大桌酒菜，然后把谢荣策带来。敌团长假惺惺地说："谢团长受苦了！我看你这么机灵，不如以后就给我当个勤务兵吧，怎么样？"

谢荣策气愤地说道："少来这套！我是共产党的儿童团团长，你是反动派的团长，我们不是一条道上的！"说完就把一桌酒菜给掀翻了。

敌人狂叫道："好你个敬酒不吃吃罚酒的穷小子，你不想活了是吧！"

"谁说我不想活，是你们这帮反动派不让我们活！别看你现在得意，你这个团长也当不了多久了！不久，我们的部队就会回来，你们灭亡的日子不远了，哈哈哈！”

敌团长无奈地问道：“你这么小的年纪，怎么如此顽固，到底共产党给了你什么好处？”

谢荣策郑重地说道：“共产党给我的好处可多了。我以前给地主老财放牛、养猪，吃不饱、穿不暖，还经常受欺压，是共产党救了我，给了我活下去的希望！我一定会跟着共产党走到底！”

敌人立刻凶相毕露，又把谢荣策绑了起来，并进行了更残忍的严刑拷打。

1948 年 3 月 13 日是一个沉重的日子。这天早上，我们的小英雄谢荣策昂首挺胸地走出了牢房，踏上了敌人的刑场。在生命的最后一刻，面对着黑洞洞的枪口，勇敢的谢荣策怒目而视，他高喊着“中国共产党万岁”，接着，倒在了血泊之中。

谢荣策牺牲了，年仅 17 岁。他为了共产党，为了人民，为了祖国的解放事业，献出了自己年轻的生命。人民不会忘记他，岁月更将铭记他！

参考文献：

1. 秦凤翱，李兆德. 少年英雄谢荣策. 沈阳：辽宁人民出版社，1964.
2. 辽中县革委会宣传组工农兵美术通讯员. 小英雄谢荣策. 沈阳：辽宁人民出版社，1972.
3. 共青团中央少先队工作委员会，四川少年儿童出版社. 中国现代少年英雄传：谢荣策. 成都：四川少年儿童出版社，1985.

贪生怕死非好汉　视死如归真英雄

——记钢铁少年周银海

周银海，1933年生于江苏靖江侯河乡幸福村，家境十分贫困，主要靠租种地主的田地来糊口度日。1943年，周银海参加了儿童团，经常为新四军、乡村干部站岗放哨，每次都能出色地完成任务。不久，他当上了儿童团团长。1947年，为了保卫共产党员和革命干部，不幸被国民党反动派抓住，光荣牺牲，年仅14岁。

“大刀向鬼子们的头上砍去……看准那敌人，把它消灭！把它消灭！冲啊！……”这首流行的抗日歌曲曾经被广为传唱，在抗日战争时期成为支撑中国人民抗战的精神力量。

周银海就是在这些歌声中逐渐成长起来的。1933年，他出生在江苏靖江侯河乡幸福村。从小家里就非常贫困，家中姐弟七人，他排行老五。由于孩子多，经常吃上顿没下顿。家中主要靠父母租种的本村地主的十多亩田地来勉强糊口，但还是冬天缺衣，春天缺粮，一家人饥寒交迫，生活朝不保夕。幼小的周银海知道父母很辛苦，就经常帮父母干活，遇到年成不好的时候，一家人只能挖点野菜来充饥。

1940年冬，共产党领导的新四军抗日武装队来到了周银海的家乡,他的家乡获得了解放,从而使他有机会入学读书,接受革命教育。周银海就读于家乡的准提庵小学。第一堂课,老师就教他们:“我是中国人,我爱自己的祖国!”在学校的教育下,周银海逐渐懂得了“只有跟着共产党干革命,穷人才能翻身解放”的道理。

1943年,为了更好地开展革命工作,乡里决定成立农抗会和儿童团。周银海听到消息后高兴地报了名,成为了一名光荣的儿童团员。从此,他白天去学校上课,晚上做完作业后就到村头站岗、放哨、盘查路人。他不再贪玩了,草丛里的蛐蛐叫得再欢,也不能吸引他的注意力,他时刻谨慎地望着四周,以防敌人偷袭。每次他都能出色地完成任务,博得了乡亲们的一致好评。

有一天傍晚,周银海扛着红缨枪在村路口站岗。突然来了一个陌生人。这个人身穿长袍,头戴礼帽,腋下还夹着一个小布袋,一副斯斯文文的样子,表面看起来像个教书先生。周银海心想:“怎么从来没有见过这个人?得好好查问一下。”

“站住,你是谁?来这里干什么?”周银海举着红缨枪,拦住了来人的去路。

那人见此情况,立即停下了脚步,微笑着说:“我是从县里来的,到你们村里来办事。”

周银海依然要盘查到底,接着问:“那你有路条吗?”

那人正要从口袋里掏出路条给周银海看,这时,乡农抗会吴会长正好路过此地,一看来人是县委的陈部长,连忙上去和他握手,嘴里还说着:“陈部长!欢迎你啊!走这么远的路,辛苦了。”吴会长望着旁边的周银海哈哈大笑说:“银海啊,这是县委的陈部长,来我们村指导工作了。”

“果真是县委的同志呀。”周银海心想。他红着脸，不好意思地说：“陈部长，我……”陈部长也哈哈大笑起来，爽朗地说：“这个娃子好啊，办事儿认真，是个好苗子。”接着陈部长又鼓励他说：“还要好好学习，跟着共产党好好干革命啊。”

周银海坚定地点点头，心里暗暗地下定决心，要跟着共产党不断前进，在儿童团里要干得更认真。不久之后，农抗会看周银海觉悟高又肯吃苦，就让他当了儿童团团长。此后，周银海经常带领儿童团员们在村里唱歌、训练，在路口站岗、放哨，工作更加认真了。

有一次，运输队在给新四军送粮食时被敌人发现了。通往新四军驻地的途中只有一座桥，运输队在村民们的帮助下，在敌人之前过了桥。但后面的敌人依然穷追不舍。眼看不久就要追上了，护送运输队的民兵们决定拆断路桥，阻止敌人前进。周银海当即叫来村里的儿童团员们，有的放哨，有的帮民兵搬木头，把小桥连夜拆了。

当后面的敌人赶来时，看着滚滚江水，气得直跺脚。周银海和儿童团员们给运输队帮了很大的忙，受到了乡村干部和村民们的表扬。

1945年初，新四军决定攻打生祠堂伪据点。为了防止白农堂据点的伪军支援，在乡民兵队长的率领下，周银海夜晚带着儿童团与民兵一起在路上放哨，以便民兵割电线、毁木桥。不久战斗打响，白衣堂伪军前去支援时发现木桥已被破坏，过不了河，他们只好绕道，等赶到时，战斗已经结束了。

抗日战争期间，由于实行“减租减息”政策，地主对农民的剥削有所减轻。抗战胜利后，地主又开始残酷剥削农民了。1946年秋，土地改革运动在周银海的家乡展开了。

在周银海的家乡主要有八个大地主，这些地主非常刻薄贪婪，像吸血鬼一样对农民进行残酷剥削和压迫。在土改运动中，农民开始了轰轰烈烈的“翻身做主人”的革命。周银海表现得非常积极，他带领儿童团员配合民兵监视地主的行动。在斗争地主大会上，他指着地主的鼻子进行控诉，激动地喊着：“你也有今天，爹娘我为你们报仇了！”最后他在伙伴的拉扯下才走下来。他还带领儿童团高呼口号，使斗争大会开得十分激烈。

1946年冬，国民党军队对靖江实行重点“清剿”。侯河区是靖江县的老解放区，迎祥乡又是靖江土改实验乡，所以国民党反动派决心要将这里的共产党员和革命干部赶尽杀绝。

迎祥乡的党组织得到情报后，于1947年1月中旬在准提庵小学召开会议，研究如何开展反“清剿”斗争。会前，周银海接到了站岗放哨的任务。

1947年1月18日清晨，正趴在大银树上放哨的周银海发现一群人影在挪动。“不好！国民党军队来了。”他赶忙从大银树上下来，飞快地跑向准提庵小学，通知正在那里开会的乡干部，要他们立即转移。

乡干部们从后门撤退了。为了转移敌人的视线，让乡干部们能有更多的时间脱身、撤退，周银海又跑回了路口。这时几十个敌人已经拿着枪往这边跑来。周银海挺身而出，故意将自己暴露在敌人的视线之下。敌人被引开后，乡干部们安全地转移了，而周银海却落入了敌人的魔掌。

敌人将周银海押到团部，对他进行了残酷的审讯。敌营长恶狠狠地逼问他：“你知道谁是共产党的干部家属？”

周银海坚定地说：“我不知道！”

“来呀，给我用刑，看他招不招。”敌营长气愤地说。

士兵们把周银海按倒在地，一边压杠子，一边问他：“说不说？”

剧痛之下，年幼的周银海昏了过去。敌人又用冷水将他泼醒。周银海看着凶神恶煞的敌人，一字一句地说：“你们这些狗东西，打死我我也不知道！”

敌人又搬出“老虎凳”，把他绑在凳上，脚后跟下塞进一块块大砖头。当砖头加到第三块时，周银海又晕厥了过去。

残酷的审讯从上午持续到深夜，周银海一次次昏迷过去，又一次次被冷水泼醒。但这个钢铁般的少年始终没有屈服，没有向敌人透露半点党的机密。

第二天，周银海和一大批群众一起被押到一户地主家的大晒场上，四周架起机枪，气氛十分紧张。敌营长走到人群中，叫士兵把周银海捆绑起来，并把他拉到群众面前说：“你看一看，这里谁是干部？谁是共产党员？谁是干部家属？”还威胁他说：“如果你还不说，我就放狗咬死你。”

周银海毫不畏惧，斩钉截铁地说：“我不知道！”然后大声喊道：“乡亲们，反动派的日子不会长久了，解放军一定会打回来的！”

残忍的敌人见周银海还是不招，无计可施，就放出狼犬。凶残的狼犬将周银海扑倒在地，把他的耳朵、鼻子和身上的肉一块一块地咬了下来。顷刻之间，周银海身上被咬得血肉模糊，在场的群众泣不成声。这时，敌营长见他还不屈服，气急败坏地说：“给我枪毙了。”

气息奄奄的周银海被两个刽子手拉到晒场西南角。罪恶的子弹射向了他年幼的身躯。小英雄就这样壮烈地牺牲在自己家乡的土地上，年仅14岁。

周银海虽然牺牲了，但是他视死如归、顽强不屈的精神激励着一代又一代青年儿童，鼓舞着他们不断前进。

参考文献：

1. 靖江县志编纂办公室. 靖江县志. 南京：江苏人民出版社，1992.
2. 靖江市史志档案办公室，靖江市民政局. 靖江英烈. 南京：河海大学出版社，2000年.
3. 苏增耀. 江之阳. 北京：中国文史出版社，2003.

巍巍青山永不朽　浩浩东海忆森火

——记少年英雄林森火

林森火，1934年5月出身于浙江省玉环县坎门镇菜场巷的一个贫苦屠户家庭，12岁时成为了坎门镇镇西小学的学生。1947年4月，中共坎门小教支部在西头小学成立坎门少年先锋队，林森火等9名进步学生被吸收为队员，林森火则被推选为队长。1948年，坎门少年先锋队改称为坎门儿童团，林森火任团长。1950年4月，林森火加入了中国新民主主义青年团。林森火的一生都在为支持中国革命、支持中国共产党作贡献。

林森火，一个普普通通的孩子，却注定了拥有不平凡的一生。他自出生就与贫困为伍，全家靠爸爸摆肉摊赚来的微薄收入维持生计，家里常常无米下锅。林森火也因此几度辍学。

由于他们家经常受到当地渔霸、地主和资本家的剥削和欺压，因此他很小的时候心里就埋下了对这些剥削者仇恨的种子。

1946年，村里办起了小学校，林森火成为了坎门镇镇西小学的学生。

他的成绩很好，可是因为交不起学费而面临辍学，尽管如此，他却将学费减免单让给了其他贫困学生，白天有空就随哥哥上山砍柴、讨小海或上街卖炒豆赚点钱。

他很爱写日记，日记内容很贴近生活，也很有自己的思想，可是买不起练习簿，于是就将香烟包装纸装订起来，当做日记本；

他热爱读书，家里点不起菜油灯，就到商店门口借光看书；

他爱讲故事，道理浅显易懂，引人思考；

他的兴趣很广泛，还热爱画画、木刻、泥塑等；

他尊敬师长，“一日为师，终身为父”是他对老师最深沉的敬意；

他关心同学，有同学家离学校远，为了能让同学免于来回奔波，他就留同学在自己家里吃中饭，尽管自己家的日子也很不好过，却抑制不住他对同学的一片赤诚之心。

这年春天，森火的两名身为中共地下党员的老师在当地的穷孩子中建立起了地下儿童团，林森火成为第一批加入地下儿童团的孩子。从这一刻起，林森火的人生道路发生了彻底的改变，注定了他与党相随的生命历程。

学校的老师们得到了一批进步书籍，有《吕梁英雄传》《钢铁是怎样炼成的》和《大林和小林》等。老师们将这些进步红色书籍发给孩子们看。小森火很喜欢这些书，常常看到深夜。在中共党组织的引导和老师的帮助下，小森火的思想觉悟不断提高，他决定创办一个秘密图书馆，以便能让更多的同学阅读到革命进步书籍。与其说是图书馆，不如说只是一个简易的小草棚，但是尽管如此，同学们也已经十分满足了。小森火常常和伙伴们说：“咱们现在的条件虽然艰苦，但是等到革命胜利了，咱们就可以搬到大高楼里去读书了！”后来，这个秘密图书馆受到了反动警察的注意，为避免遭到反动警察的破坏，小森火和伙伴们巧妙地把图书转移到关帝庙内的一口空棺材里。

在阅读这些进步书籍的过程中，林森火和小伙伴们逐渐懂得了黑暗社会的本质，懂得了只有依靠中国共产党通过革命打败国民党反动派才能翻身，才能过上好日子。

在儿童团成立以后，小森火和伙伴们从老师那里听到了许多关于解放区的儿童勇斗地主恶霸，支援中共、支援革命的故事。小森火受到了很大的鼓舞，他和伙伴们常常在深夜里帮助地下党员印革命传单，并在傍晚的时候到人群中散发，暗中鼓励人们勇敢地与镇上的反动警察、渔霸、地主和资本家作斗争。

林森火非常聪明机智。有一次，他按照游击队队长的指示，带着小伙伴们去镇上秘密地贴标语。等到天黑，他们开始执行任务。一个小伙伴把传单涂上糨糊正要往墙上贴，被小森火及时制止了，他说：“贴得这么矮，敌人一定会猜到是小孩子干的，要是他们找到学校，一定会给老师添麻烦的。”于是，他让小伙伴踩着他的背，把传单贴到高处。

还有一次，在贴标语和传单的途中，他们遇到了巡逻的敌人。要是被敌人发现传单就糟了。这时，小森火灵机一动，带领小伙伴机警地躲到了附近的破庙里，把标语和传单用香炉里的香灰覆盖起来。敌人进来的时候只看到两个小孩子在庙里下棋，找不到可疑的东西，只好骂骂咧咧地离开了。

为张贴一些警告敌人的标语，林森火灵活地采用“调虎离山”之计引开敌人，把这些标语贴到了大街小巷和敌人的碉堡上，使敌人吓得魂飞魄散。林森火和伙伴们张贴的标语和传单，向群众传播了中共的革命思想，鼓舞了群众的革命热情，支援了中共和中国革命的发展。

1947年，国民党的反动统治越来越黑暗，活动也越来越猖狂，对中共地下党的活动进行严密的封锁。为了传递情报，中共想到了儿童团。由于儿童团的成员年纪小，不容易引起敌人注意，于是小森火和另一名儿童团员担任了中共的地下交通员，负责传递重要情报。他们不管刮风下雨还是海雾弥漫，不管严冬还是盛夏，随叫随到，很好地完成了地下党交予的任务。

一天夜里，外面下着倾盆大雨，小森火收拾完秘密图书馆的所有图书回到家之后，作为中共地下党员的李老师来到小森火的家里。李老师告诉小森火敌人第二天要去搜山，必须马上给山上的游击队送信去。听到消息后，小森火毫不犹豫地冒着暴雨，连夜出发了。由于小森火及时准确的情报，八路军游击队即时撤退了。敌人在第二天搜山时扑了个空，只好悻悻而回。

1949年春新中国成立前夕，游击队为了攻打坎门镇，急需了解镇上敌人的情况。地下党把这个重要的任务交给了小森火等人。为了摸清敌人的兵力、武器情况，小森火和伙伴们在星期天的早晨，趁着敌人在操练的时候，来到敌人操练场地的旁边假装玩起了扔石子的游戏，同时把敌人的数目，配备的机枪、步枪、手榴弹和小炮的情况都准确地记录了下来。为了探清敌人炮楼里的情况，小森火假扮成贩卖炒豆的小贩，混进了炮楼，把炮楼里的敌情也侦查得一清二楚。

有了这些情报，“知己知彼”的游击队员顺利地攻下了坎门镇,赶跑了敌人。林森火和伙伴们为这次战役立下了汗马功劳。

1950 年 11 月 20 日,小森火正在学校上课,此时外面响起了炮火声,原来是被打跑的敌人又从沿海岛屿逃窜到沿海陆地进行骚扰。小森火在帮助老师疏散了同学之后,主动跑到镇政府去看看自己有没有能帮上忙的地方。正好此时在后山作战的解放军缺乏子弹,小森火二话不说就背起一箱子弹往后山跑去,为弹尽的解放军雪中送炭,使战斗继续激烈地进行着。小森火要求在山上和解放军叔叔一起与敌人作战,解放军叔叔却说:“不行,这里很危险,你快点回去吧!”

小森火一心想着为解放军叔叔做点什么,于是到后方的炊事班帮忙烧水做饭。炊事班虽然在山脚,但是仍然在敌人炮火的射程之内,时常遭遇炮火袭击。这时一颗敌人的炮弹击中了解放军的炊事班,小森火倒在了血泊之中。年仅 16 岁的林森火在人民解放战争中,献出了自己年轻的生命。

战斗结束后,全镇军民为林森火举行了追悼会。同年,当地人民为其修建了烈士墓,当地政府将林森火生前居住的菜场巷改名为“森火巷”。

1985 年 3 月,共青团中央少先队工作委员会和四川省儿童出版社联合编辑出版了《中国现代少年英雄传》,林森火被列为全国 13 位现代少年英雄之一,成为与刘胡兰齐名的少年英雄。

今天回望浙江省玉环县,不得不使我们对英雄的事迹唏嘘感慨。林森火虽然离我们远去了,可是他的革命精神将长存世间。

参考文献:

1. 卢秀灿. 林森火. 北京:中国少年儿童出版社,1983.
2. 共青团中央少先队工作委员会,四川少年儿童出版社. 中国现代少年英雄传:林森火. 成都:四川少年儿童出版社,1985.
3. 坎门镇中心小学. 少年英雄林森火. 杭州:浙江少年儿童出版社,1994.

视死如归意志坚　为国捐躯心志高

——记小英雄师冬至

师冬至出身于河南省获嘉县师庄村一个贫苦的雇农家庭。从记事起，他就是在苦水中泡大的孩子。解放战争时期，年仅15岁的他当上了师庄村儿童团团长。他带领儿童团员们站岗、放哨、传送情报、盘查路人，做事认真负责、小心谨慎。1947年11月他被凶残的敌人杀害于获嘉城东关刑场。

师冬至出生在动乱的战争年代。日本侵华时，他的父亲被日本鬼子残忍杀害，姐姐被卖给别人当童养媳，由于家里实在贫困，母亲甚至含泪将刚出生的弟弟送给了别人。为了生存，母亲带着冬至四处流浪，讨饭糊口，几天吃不上饭是常有的事。

后来，经过八年浴血奋战的中国人民终于打败了日本帝国主义，取得了反法西斯战争的伟大胜利。但是蒋介石在美帝国主义的支持下，撕毁了国共签订的和平协定，挑起内战，妄图一举消灭中国共产党及其领导的人民武装，建立他的独裁统治。中国共产党领导中国人民奋起反抗，从此中国进入了解放战争时期，穷困潦倒的中国人民仍然生活在水深火热之中。

在苦水中泡大的小冬至饱尝了被压迫、受欺凌的辛酸和痛苦，是共产党和解放军解救了他、教育了他，因此，他对共产党和解放军怀有深厚的感情。

1947年下半年，解放战争进入战略反攻阶段，国民党反动派在中国的统治已江河日下。河南省获嘉县地方党组织和地方武装积极配合人民解放军粉碎国民党向解放区的军事进攻。轰轰烈烈的土地改革运动极大地调动了当地广大农民的革命、生产积极性，解放区面貌发生了巨大的变化，广大农民包括农村儿童团也积极行动起来，为革命做力所能及的事。

在党的亲切关怀下，小冬至像久旱的禾苗得到春雨一样迅速成长。15岁的师冬至当上儿童团团长以后，带领全村60余名儿童团员站岗、放哨、传送情报、盘查路人，为革命特别是师庄村的解放立下了不少功劳，常常受到上级领导的夸奖和表扬。在风险重重的战争年代，小冬至总能够避开敌岗哨的盘查，把情报及时地送到获嘉县地下党员手里。每当中国共产党领导农民在村里召开打地主、斗恶霸的大会时，小冬至总是勇敢地站出来控诉地主、恶霸的累累罪行。农忙季节，小冬至会组织儿童团员给军、烈属帮忙，给村里的孤寡老人帮忙干农活，常常累得满头大汗，赢得了全村老少的一致称赞。

1947年11月9日傍晚，师庄村一片欢腾，因为解放军赶走了驻扎在这里的国民党反动派，全村老百姓获得了解放，当家做主人了。县民主政府派驻师庄村的工作员魏根水和村干部正在召开全村群众大会，一片喜气洋洋的氛围。一会儿，小冬至气喘吁吁地来到老魏身旁，低声说道："今天跑了三个村去送信，加上趟水绕道，没能按时赶回来参加大会，请领导批评。"

老魏看他满头大汗，浑身泥水，十分心疼地说："小鬼，还没吃饭吧？赶快回家吃饭换衣服，回头我再和你这个小鬼算账！"

小冬至俏皮地向老魏挤挤眼，调皮地笑了。他急匆匆地跑入儿童团的队列，领着团员们呼口号，指挥唱歌曲，好像今天根本就没跑那么多路一样。

这天深夜，西北风卷起枯叶黄沙，呼啸而来。开完会的小冬至回到家里，急匆匆地扒完了妈妈早已准备好的热腾腾的两碗饭，突然想到今晚是民兵队长和班长值班，又急忙跑到村民兵队部。

当他气喘吁吁地跑到村民兵队部时，民兵队长逯景元和班长吕法明正在商量事情，一看到小冬至来了，队长和蔼地对他说："冬至，天凉了，你快回家休息去吧。"

"不要紧的，我晚上就睡在这里，万一夜间有什么事情，也多个跑腿的。"小冬至喘着气说。

"那好吧，我先派一个民兵在外边放哨，你和吕法明先在屋子里休息吧，我一会儿也过来。"

逯景元对屋子外边的哨兵交代完事情以后，便也进屋子休息了。由于近几天太疲劳了，三个人很快进入了梦乡。

然而此时，被打败的敌人并不甘心，时刻计划着反扑过来。这天夜里，反动会道门红枪会头子吕声厚策动师庄村被斗争清财的反动地富师纪华、师文明、张海青、师尚和等十多名暴徒，在狂风和夜幕的掩护下，幽灵一般地窜到师庄村民兵队部。他们只看见队部门口站着一个哨兵，便从两边包抄过去，用毛巾堵住哨兵的嘴巴，并把他牢牢地捆绑起来。

正巧，这时小冬至醒来小便，听到屋子外边有异常的响声，马上警觉起来。

“队长，班长，快醒醒。”小冬至急忙喊。

正在这时，“咚”的一声，村民兵队部的门被撞开了，十几个暴徒拿着枪和绳子一拥而上，向小冬至等三人扑了过来。三人还没来得及拿起武器，就被凶神恶煞的暴徒按倒在地上。

一看到吕声厚，队长瞪着眼睛说：“原来是你这个反动分子。”

“是我又怎么样，我跟弟兄们报仇来了。”吕声厚奸笑着说，“废话少说，给我绑起来！”

接着，暴徒将小冬至等三人五花大绑起来，并用毛巾塞住他们的嘴巴。

“快走。”暴徒们推着小冬至他们向敌占区走去。走到卫河桥时，敌人还在对小冬至他们推推搡搡的。由于嘴被堵住了，逯景元狠狠地瞪了这些暴徒一眼。

“哼，都死到临头了，还摆什么威风。”暴徒恶狠狠地说。

话音刚落，暴徒“唰”的一刀割下了逯景元的耳朵，又朝吕法明的左腿上刺了一刀，小冬至的腰部也被狠狠地砸了几枪托。虽然遭到敌人的恶打，他们三人仍毫无畏惧，嘴巴上虽然不能说话，心里却在痛骂着敌人。

三人被敌人连夜押到国民党获嘉县政府监狱，在那里，再次遭到敌人的毒打和折磨。敌人施展浑身解数，想从他们三人口中套出共产党的秘密。虽然凶残的敌人用了种种酷刑，疼得他们一次次晕厥、又一次次被冰冷的凉水泼醒，但三人宁死不屈，始终没有一个人向敌人投降、吐露半点党的机密。

由于他们三人当中小冬至年龄小，敌军头子以为小冬至会就范，于是就故意摆出各种惩罚犯人的刑具，威胁小冬至说："看你年纪轻轻的，如果不招，我们就要把最厉害的刑罚拿出来了，到时候你可受不了皮肉之苦的。"

小冬至怒斥敌人："吓唬不了我，这些刑具只能吓唬软骨头。"

敌人气得大骂："小东西，还这么不老实，难道你不怕死?"

小冬至冷笑道："怕死？怕死就不闹革命了。就是上刀山入火海，我也决不说共产党半个不字。"

穷凶极恶的国民党反动派对这个15岁的孩子彻夜使用了酷刑：吊打、坐"老虎凳"、烙胸脯、铁刷刷足心、子弹搓肋骨……但小冬至坚强的革命意志在这酷刑面前一点也未动摇。敌人完全失败了。

看到从他们三人嘴里实在是得不到有价值的东西，穷凶极恶的敌人准备下毒手了。11月25日，在获嘉县城10月大会期间，凶残的敌人把师冬至、逯景元、吕法明三人押到了获嘉城东关刑场，先把他们绑在木桩上，然后敌人用大刀将逯景元和吕法明杀害。敌人还抱着最后一丝幻想，他们用血淋淋的大刀指着师冬至，说："再给你最后一次机会，你到底投降不投降?"

小冬至满腔怒火，大骂敌人道："你们这些刽子手，吃人的豺狼，我死也不投降，等着吧，解放军会为我们报仇的!"

敌人恼羞成怒，把罪恶的枪口对准了小冬至的胸膛。小冬至视死如归，昂首高呼："共产党万岁!"罪恶的枪声响起，就这样，敌人凶残地将年仅15岁的师冬至杀害了。

1948年11月，解放军为小冬至他们报了仇，推翻了国民党反动派在获嘉县的反动统治。

参考文献：

1. 谭克绳、欧阳植梁. 鄂豫皖革命根据地斗争史简编. 北京：解放军出版社，1987.
2. 中共河南省委党史研究室、中共安徽省委党史研究室. 鄂豫皖革命根据地史. 合肥：安徽人民出版社，1998.
3. 中共河南省委党史研究室. 豫皖苏边区革命史. 郑州：河南人民出版社，2001.

有志不在岁数高　小小年纪真英豪

——记小英雄雨来

雨来，是作家管桦的中篇小说《小英雄雨来》里的主人公。在小说中，雨来是抗日战争时期活跃在晋察冀边区的一位抗日小英雄，他聪明伶俐、机智勇敢，多次智斗日本鬼子，而且还依靠自己的聪明才智逃脱了日本鬼子的魔掌。《小英雄雨来》里描述的雨来的许多英勇事迹影响了一代又一代的少年儿童。雨来成了少年儿童心目中的英雄。作家管桦曾解释道，“雨来”这个人物形象并非是凭空想象出来的，他是抗战时期冀东少年儿童的一个真实写照。

在抗日战争时期，晋察冀边区生活着一位勇敢的小英雄，名叫雨来。他自小聪明伶俐，在与日本鬼子的抗争中，他充分发挥自己的聪明才智，为抗战作出了许多贡献。

这年，雨来只有12岁，他的家乡在美丽的芦花村。芦花村坐落在还乡河边，河边长着很多芦苇，一到芦苇开花的时候，微风一吹，雪白的苇絮漫天飞舞，特别美丽。每到夏天的时候，村里的孩子们都特别喜欢到还乡河边玩耍：藏猫猫，在河里用狗刨式、立仰、浮仰等各种姿势游泳。在这些孩子中，就属雨来最机灵，游泳技术最高超。在水里，他就像一条滑溜溜的小泥鳅，谁也捉不住他！

这年秋季，爸爸从区上回到家里，他和妈妈商量说："今天在区上碰见区里的同志，他们都说不让孩子念书识字不行，最起码要上夜校。"他思考了一下接着说道："就让雨来上夜校吧，识点字，也好过当'睁眼瞎'啊。"

不久，雨来就到夜校念书了。夜校的课堂设在小伙伴三钻儿家的豆腐房里，来教书的是东庄学堂里的女教师。课本是用土纸油印的，皱皱巴巴、鼓鼓囊囊的。雨来怕把书揉坏了，就找妈妈要了块红布当书皮儿，仔细地把书本包了起来。书面儿的红布上还歪歪扭扭地写上了"雨来"两个字。

第一节课上，老师在黑板上写了几个大字："我们是中国人，我们爱自己的祖国。"接着，老师就带着孩子们大声朗读起来："我——们——是——中——国——人，我——们——爱——自——己——的——祖——国！"小雨来读得非常认真起劲，回到家还会躺在床上背诵早先教过的课文。

这天中午，雨来的爸妈出门办事，留小雨来一人在家。雨来在家哪都去不了，就又躺在床上背诵起了前天学过的课文，背着背着，忽然外面传来了嘈杂的人声和"噔噔噔"的跑步声，接着就有人慌忙推门闯了进来。雨来定睛一看，原来是常来家里的交通员李大叔。只见李大叔跑到雨来家里装了一半糠的米缸旁，把米缸移开，下面赫然出现一个大洞。当雨来正在纳闷家里什么时候有了这么一个大洞的时候，李大叔已经迅速地跳进洞里。他对雨来交代道："过来把米缸移回原处，然后你到别处，这件事谁问你都别说！"

李大叔下去之后，雨来费力地把米缸移回了原处。正要走出家门时，忽然门被"咣当"一声推开了，一群日本鬼子闯了进来，雨来拔腿就往后院跑，鬼子喊道："站住！别跑！"

雨来装作没听见，一溜烟地窜进了后院，几颗子弹从他的脑袋上方"嗖嗖"飞过，但没有打中。雨来迅速跑到后院墙边的一棵大树下，灵活得像猴子似的爬上了树，正要往院子外面跳的时候，忽然脚被追上的鬼子拉住了。鬼子拉住雨来的脚，然后猛地往下一拽，小雨来摔在了地上。鬼子冲上前去迅速地把雨来的两只手臂掰到了背后，捆了起来。

鬼子把雨来押进了屋子。屋子里已经被鬼子翻箱倒柜地找过了，连枕头都被刺刀挑开了，显然鬼子没找到李大叔的踪影，于是他们开始审问雨来。

鬼子军官假惺惺地用中国话说道："小孩，不要怕，告诉我，刚才那个人去哪里了？"

雨来答道："俺不知道！"

鬼子军官马上把手伸进了衣服口袋里，雨来估摸着是手枪之类的，想毙了自己。可是鬼子军官掏出来一大把雪白的糖块，递到雨来面前说道："你吃，你吃！不过要说出刚才那个人到底去哪了。"

雨来没有接他的糖块。

一个鬼子兵不耐烦了，凶恶地说道："小孩！快说，不然……死啦死啦的！"

雨来坚定地摇了摇头："俺就在这屋子里，啥也没见着。"

鬼子军官也火了，把糖块收了起来，把那副假惺惺的嘴脸收了回去，板出了狰狞的面孔，叫嚷道："给我拖出去，枪毙！枪毙！"

鬼子把小雨来押到了还乡河边，准备枪毙他。乡亲们眼看着雨来被押走，又听见还乡河边传来"砰砰"几声枪响，估摸着雨来已被鬼子杀害，都难过地流泪了。不久，李大叔听见外面没了动静，就从另一个地洞的出口爬了出来。他走到街上听到乡亲们说雨来被鬼子押到河边枪毙了，脑袋"嗡"的一声，一边流着眼泪一边狂奔到还乡河边。

乡亲们都围在还乡河边，但是未发现雨来的尸体，而且连一滴血也没见着。过了一会儿，远处的水面上忽地冒出一个小脑袋，用手一抹脸，问道："鬼子走了吗？"

乡亲们一看，正是雨来。他们喜出望外，忙跑过去把雨来拉上了岸。原来，雨来趁鬼子开枪的时候，纵身一跃，跳进水中游走了。我们的小英雄雨来就是这样逃脱了鬼子的魔掌。

雨来不仅聪明伶俐，而且机智勇敢。有一次，村里得到消息，说鬼子又要来扫荡了，乡亲们都带着家里能拿走的东西，赶着猪、羊、牛等家畜往沟里躲避，民兵则集合起来跟着队长在村外的大路上埋地雷，等待着鬼子的经过。雨来和小伙伴们看到民兵在埋地雷，于是跑上前去表示也要帮忙。

队长说道："我们正忙着呢，你们去画伪装的地雷吧！"于是给了雨来他们一些粉笔和纸条。

雨来和小伙伴们兴冲冲地跑去画假地雷。只见他们纷纷在纸条上写上各种各样的话："喂！小心地雷！""请鬼子吃点心！""让鬼子坐飞机！""把鬼子炸飞！"还写了一句书本上的话："这儿是中国人的土地！"然后他们把纸条压在石头下面，并在纸条周围画了一个圈。

弄好之后，雨来和伙伴们躲在一个小土丘的后面张望，可是等了好久都不见鬼子路过。于是雨来说道："咱们回村看一下！"

他们飞速跑回村子里，发现村子里一个人影都没有，村子被鬼子搜刮得干干净净、破坏得乱七八糟，地上到处是垃圾和破烂。雨来心想："看样子，鬼子果真抢完东西走人了，那么多地雷，真是白埋了……"

接着雨来回头告诉小伙伴们："我先翻进去把院子的门打开。"

他爬上外面的草垛，往院子里翻，刚想跳下去，忽然感觉脚底踩到了一个软软的什么东西，他低头一看，原来是躲在拐角的特务的脑袋！

雨来对外面的小伙伴大喊道："有坏人，快跑！"

伙伴们跑了，雨来却被特务抓住了。特务把他带到鬼子军官的面前。鬼子军官命令雨来给他们带路，去找村里的人。

雨来心想，那可没门儿，可是他忽然小脑袋一动，又想出了一个好点子：不如把他们带到地雷阵里去！可是他转而一想，就这么贸然答应，鬼子肯定会怀疑，于是他不情愿地说："俺不知道！"

满脸横肉的鬼子军官威胁道："再不走，死啦死啦的！"

雨来装作非常害怕的样子说道："那好吧！"

到了村口的大道上，鬼子们先看见了雨来和伙伴们埋的假地雷。他们问雨来："这些真的是地雷？"

雨来说道："不信你自己踩上去试试！"

鬼子心中还是有疑惑，不过没有一个敢去踩着试试看。

鬼子们绕着假地雷往前走着，不一会儿就要到民兵们埋着真地雷的地雷区了。雨来心想，这可怎么办啊！忽然，他灵机一动，又想出了一个好点子。

在距离地雷阵只有一步之遥的地方，雨来忽然停下来，装作脚下一滑的样子，跌到了路边的小河里，然后他在河里扑腾起来,大喊道:“救命啊,救命啊!”

鬼子慌乱地跑过去,结果一下子触动了地雷,地雷“轰隆隆”炸开了,炸飞了几个鬼子。一个地雷爆炸,其他的地雷也跟着一个一个地爆炸了。一群鬼子被炸得死的死、伤的伤,只剩下30多个侥幸逃跑了。

战斗胜利了,雨来从水里冒出了小脑袋,用手一抹脸上的水,开心地笑了。

今天,距抗日战争胜利已经60多年了,我们都生活在没有战争与炮火的幸福之中,可是我们不能忘记许多年前,在伟大的抗日战争当中,有许多类似雨来这样的可敬可爱的小英雄,他们为了民族的解放贡献了自己的一份力量!

参考文献:

1. 管桦.小英雄雨来.北京:中国少年儿童出版社,1979.
2. 李江鸿.小英雄雨来.石家庄:河北美术出版社,2005.
3. 金波.小英雄雨来.上海:上海人民美术出版社,2009.

墙外桃花墙内血　一般鲜艳一般红

——记“小萝卜头”宋振中

宋振中出生于1941年，江苏邳州人。他的父母都是共产党员。在他8个月大的时候，他的父亲就被国民党反动派秘密逮捕，他和母亲随后也一起被关进了重庆中美合作所的白公馆监狱。狱中的难友们都疼爱地叫他“小萝卜头”。他学习刻苦，并帮助地下党组织递送情报。1949年，他被国民党特务杀害，年仅8岁。新中国成立后，人民政府追认他为烈士，成为我国乃至世界上年纪最小的烈士。

一提起“小萝卜头”，相信大家并不陌生，可是很少有人知道他的真名。他叫宋振中，是家里最小的孩子，父母都是共产党员。1941年9月，在他8个月大的时候，由于国民党反动派的迫害，他的父亲宋绮云被两个便衣特务抓走了，一连两个月都没有消息。突然有一天，有个自称是宋绮云手下的人送来了一封信。妈妈打开信件一看，里面只有8个大字：“速将换洗衣服送来。”妈妈接到信后准备要去找爸爸，临走时对孩子们说：“你们的爸爸是为了打鬼子救中国才被抓的，你们的爸爸没有罪！”第二天，妈妈就带着小振中和一些换洗的衣服进城了。然而，这是反动派设下的一个圈套，进城后不久，他们母子也被捕了。从此,小振中就一直被关在监狱里,他也成为有史以来世界上最小的政治犯。

由于小振中年纪太小,他就和妈妈一起被关在了重庆歌乐山下的白公馆女牢里。牢里的条件十分艰苦,屋子里阴暗潮湿,一年到头都见不到阳光。牢里的饭也非常糟糕,吃的是发霉的米饭和烂菜帮子。长期营养不良,导致小振中长得面黄肌瘦,身子骨儿非常单薄。由于身体瘦小,脑袋很大,难友们都疼爱地叫他"小萝卜头"。

小萝卜头4岁多的时候,他和父母又被转到了贵州的息烽监狱。在这里,爸爸妈妈每天都要出去做苦工,黑黑的牢房就剩下小萝卜头一个人了。他经常吓得一个人躲在角落里哭,有时候吓得一动不动。小萝卜头饿的时候就拿出妈妈给他留的一碗饭,胡乱吃几口又爬到床上躺下了。

转眼之间,小萝卜头长到6岁了,到了该上学的年龄了。可是,他的父母都是在押的政治犯,反动派不许他上学。他的爸爸宋绮云曾经是杨虎城将军的秘书,知道读书对于一个人来说是多么的重要。因此,他和其他难友一起向监狱提出了这个要求,坚持一定要为儿子争取到读书的权利。监狱长一听,顿时哈哈大笑起来,鄙视地看着这群犯人,说:"简直是异想天开,这里是监狱,还想读书,别做梦了!"

孩子是无辜的啊,如果不上学,孩子就不能念书识字,是个"睁眼瞎",那么孩子就是一个废人了。于是,到了晚上,爸爸和难友们在监狱里商量了一个办法,他们决定集体绝食,以此来为小萝卜头争取到读书的权利。

第二天,当一个特务提着饭桶来的时候,所有的犯人看都不看一眼,集合的时间也到了,大家一动也不动。看到此情景，这个特务急忙跑到监狱长那报告。

“哼，我就不相信他们不吃饭？你去吩咐厨房做一些好东西，看他们还吃不吃？”监狱长对这个特务说。

中午，特务提着一桶冒着热气的米饭和鱼肉放在监狱里。有的犯人几年都没吃过肉了，但是他们仍摆出一副视而不见的样子。等特务再去监狱的时候，那些饭菜仍然没被动过。

监狱长知道这种情况后，怕这么下去，犯人们不吃不喝，上级会怪罪下来，最终答应了犯人的要求，可以让小萝卜头在监狱里上学，但他的老师由一个特务来担任。可小萝卜头的爸爸坚决不同意，经过再次斗争，敌人允许由政治犯罗世文来教小萝卜头。罗世文在被捕之前是中共四川省委书记，学问很好，当听说小萝卜头来跟他学习后，非常高兴。

小萝卜头要去上学了。头天晚上妈妈睡得很晚，她将节省下来的草纸订成一个本子，给小萝卜头当笔记本用，又把一支很短的铅笔削好。

第二天是一个阳光灿烂的日子。早晨，小萝卜头一睁开眼睛，就看到从屋顶上天窗里射进来的美丽的阳光。

小萝卜头穿好衣服，妈妈把笔记本和铅笔交给了他，疼爱地对他说：“要好好学习，认真听讲，要听老师的话。”看着小萝卜头面黄肌瘦的脸庞，妈妈流下了眼泪。

“妈妈，你放心，我一定会好好学习的。”小萝卜头很懂事地安慰妈妈。

“不要啰唆了，快走。”特务“大黑狗”在门外不耐烦地喊道。

不一会儿，“大黑狗”领着小萝卜头来到山坡下面的男牢“忠斋”。小萝卜头一进门就看见一位长相忠厚的中年人正在里面等候他，他知道那就是他的老师罗伯伯了。小萝卜头走上前去，很恭敬地给罗伯伯敬了一个礼，说："罗伯伯好。"

"好，好，快坐下。"罗伯伯疼惜地说。

接着，罗伯伯深情地对他说："我们干革命的，就是要打倒反动派，建设新中国。革命靠什么？靠的是我们前赴后继、奋斗不息。小孩子是国家的未来，你一定要好好学习。虽然条件艰苦，但是我们不怕吃苦，对吗？"

小萝卜头认真地点点头说："罗伯伯，我不怕吃苦，一定好好学习，做一名好学生！"

就这样，小萝卜头开始跟罗伯伯上课了。罗伯伯说："今天我们来学习第一课，我教你一句，你跟着我念一句。"

小萝卜头认真地点点头。

"我，是，一，个，好，孩，子。念。"

小萝卜头跟着念道："我，是，一，个，好，孩，子。"

"嗯，很好。"罗伯伯夸奖他，"我们学第二句。我，爱，中，国，共，产，党。"

"我，爱，中，国，共，产，党。"小萝卜头一板一眼地念道，稚嫩的声音在牢房里回响。

后来，罗伯伯被反动派杀害了，小萝卜头听到这个消息后，眼泪"吧嗒吧嗒"地往下掉，一连好几天都不说话。

过了一段时间后，黄显声将军成了小萝卜头的新老师。黄显声将军是一位爱国抗日将领，因为反对蒋介石打内战，就被特务关进了监狱。

到了1948年，小萝卜头的进步已经很大了，能背很多诗，而且还能给难友们讲解。因为他在监狱里可以来去自如，所以他可以做许多成年工作者不能胜任的工作。在地下党的教育和帮助下,他逐渐成为党的地下交通员,负责传递消息。

有一天,小萝卜头照常去上学,发现老师隔壁的牢房里来了一位新犯人。他好奇地过去问道:“你是新来的? 你叫什么名字?”

里面的人迟疑了一会儿,艰难地走到门口,看见外边站着一个小孩子,就回答说:“我是陈然。”

“反动派问你,你说了吗?”小萝卜头小心翼翼地问道。

陈然摇了摇头,然后问道:“你是谁? 你在这里多长时间了?”

“我在这里待了好多年,他们都叫我小萝卜头。”说完,他警觉地向四周望了一下,小声说:“我要走了,下次我再来看你。陈然叔叔,再见了!”

小萝卜头来到老师的牢房里,将刚才的情况告诉了老师。黄显声将军写了一张纸条,叫他下课的时候交给一位名叫许晓轩的难友。等再次上课的时候,有一张纸条传到了陈然的手里。就这样,在牢房里面,地下党支部的关系通过小萝卜头又接上了。

陈然是《挺进报》的书记,这份报纸是重庆地下党员创办的,对开展革命斗争起了非常重要的宣传作用。经过他的建议,《挺进报》在监狱里出版发行了。虽然它只是一张小小的纸条,但也就是这张小纸条,为难友们传递了淮海战役胜利等许多信息。这份特殊的《挺进报》使监狱里的难友们备受鼓舞。小萝卜头为了这份狱中《挺进报》的流通,作出了特殊的贡献。

但是,随着解放军的节节胜利,反动派开始狗急跳墙起来,他们开始屠杀政治犯了。

1949年9月6日,小萝卜头和他的父母被国民党特务从贵州骗到了重庆,被特务带到戴公祠警卫室,一起同行的还有杨虎城将军的小女儿杨拯贵。他们都很疲惫,正想坐下来好好休息的时候,几个拿着大刀的特务突然闯了进来。见到此情景,爸爸妈妈知道敌人要下毒手了。他们都是坚强的革命者,从被捕的那一天起,就做好了牺牲的准备,但是两个孩子是无辜的呀,不能让屠刀落在孩子的头上啊。

妈妈义正词严地对特务说:"我们对死无所畏惧,但是你们不能伤害这两个孩子,孩子们什么也不懂,他们是无辜的。"

可是那些特务丝毫不理会这些,举起大刀朝爸爸和妈妈砍去,顿时鲜血四溅。那几个特务已经杀红了眼,接着,举起血淋淋的大刀又向两个孩子逼近。

一个特务先向小姑娘砍去,小萝卜头想去保护她的时候,已经来不及了,小姑娘躺在了血泊之中。小萝卜头大声喊道:"你们这些狗特务,我们是无辜的,放了我们,我们要出去……"不等他说完,特务就凶残地举起刀朝他的头砍去。

他们被杀害以后,灭绝人性的特务又在小屋子里浇灌了水泥,想掩盖他们的滔天罪行。直到重庆解放以后,他们的尸体才被挖出来,被移往西安郊区的杨虎城墓。

小萝卜头在监狱里受尽了非人的折磨,但在艰苦的环境之下,利用特殊身份做了许多成人不能做的工作,为革命的胜利立下了不朽的功劳。新中国成立后,人民政府追认小萝卜头宋振中为烈士。他是我国乃至世界上年纪最小的烈士。

参考文献：

1. 宋振苏.我的弟弟“小萝卜头”.上海：少年儿童出版社,1964.
2. 程树榛.闪耀在铁窗里的小星——小萝卜头的故事.哈尔滨：黑龙江少年儿童出版社,1986.
3. 李林樱.小萝卜头.石家庄：河北少年儿童出版社,1987.
4. 杨小谊.小萝卜头和他的小伙伴.重庆：重庆出版社,1990.
5. 宋振平,宋振西,宋振华,宋振镛,宋振亚.“小萝卜头”宋振中.北京：群众出版社,1997.
6. 梁子高等.小萝卜头的故事.重庆：重庆出版社,2010.

闽东山上“小青松”　舍己为公“红少年”

——记红色少年张高谦

少年英雄张高谦1947年出生于福建省寿宁县的大韩村，1958年加入少先队。1959年，他主动承担为生产队放羊的任务。他爱护羊群如同爱护自己的生命，不论是严寒酷暑，还是刮风下雨，他每天都要到羊栏照看好几次。1961年2月6日晚，他为了维护集体财产，死在偷羊人的柴刀之下，年仅13岁。

寿宁县大韩村是一个风景秀丽的山村，这里榕树常青，河水清澈，古朴恬静。1947年，张高谦出身于村里一个贫苦农民家庭。当时地主霸占田地、逼租逼债，对农民进行残酷剥削和压迫。农民们终年劳累，可还是吃不饱、穿不暖，生活在水深火热之中。

新中国成立后，小高谦家也分到了房和地，生活一天天好起来，他也一天天地长大。

小高谦从小就热爱劳动，经常跟爸爸、妈妈种菜、砍柴、养猪、喂鸡，村里的人都夸他是个好孩子。

10岁那年，小高谦上学了。当他背起新书包上学的时候，他的心里是多么的高兴呀，他深知幸福的生活来之不易。在学校里，他学习格外勤奋，每天一大早，总是第一个到校，坐在校门口外的大石头上朗读课文。课余时间里，小高谦喜欢和同学们一起交流学习心得，很受同学们欢迎。同时他也是老师的好帮手，经常帮助老师擦黑板，表现十分出色。1958年，张高谦加入少先队，并连续三年当选为少先队中队长。

当举行队日活动时，老师会给他们讲战斗英雄的故事，小高谦每次都听得非常入神。英雄的事迹深深地激励着他，他决心向少年英雄们学习，继承革命先烈们的遗志，以实际行动来当好社会主义事业的接班人。

村里的孩子们上学时都要经过一条小河，每到下雨天的时候，河水上涨，过河非常危险。放学后，小高谦都坚持去渡口护送小同学过河。他还坚持帮助村里一位双目失明的张大爷挑水、砍柴，并经常把自己种的菜送给张大爷，还陪他聊天解闷。

1959年，大韩村遭遇严重的自然灾害，村民们的粮食大量减产。生产队里为了发展生产，买了几只母羊和小羊羔，可是村民们都忙着地里的农活，羊群缺少专人饲养。小高谦看在眼里、急在心上。有一天放学回家后，他就跟妈妈商量："妈妈，队里的羊群没有人看管，我想把这个责任承担下来，行吗？"

妈妈有些犹豫，微笑着说："好是好，可是你还要读书啊，哪里有时间呢？"

"妈妈，我已经想好了，我可以半天读书，半天放牧，而且我早晚加强复习，将耽误的时间补回来，不就可以了吗？"

妈妈笑了，就没再阻挠他，同意了他的请求。

生产队队长听说小高谦主动要求放羊，又知道他是个热爱集体、办事认真的孩子后，便高兴地把这个任务交给了他，并叮嘱他好好喂养,放牧时要留神,不要让羊吃庄稼。

自从接受放羊的任务后,小高谦可负责了,不论是严寒酷暑,还是刮风下雨,他都按时去打扫羊圈,看管羊群。

有一次,小高谦发现羊群里有只母羊生了小羊后,没有奶水,他就用自己平时卖柴、卖金银花攒起来的钱买了鸡蛋,做了红糖煮鸡蛋给母羊吃。不久,母羊有了奶水,小羊终于被救活了。

在小高谦的辛勤饲养下,生产队的羊群养得又肥又壮,而且母羊还生了几只小羊呢。到了1960年秋,8只羊发展成了14只,乡亲们都夸小高谦把集体财产看得比自家还重。在学校里,他当了中队长以后,学习更加刻苦,品学兼优,受到老师的赞扬和同学的敬佩。

1961年2月6日傍晚,狂风大作,还伴着零星小雨。放学后,小高谦看到风刮得很大,心想:"风这么大,不知道羊都安顿好没有,我得去看看羊群。"于是,他匆忙来到生产队羊圈。

风越刮越大,小高谦看到羊圈的一根栅栏松开了。突然,羊圈里面传来异常的响声。

"怎么回事呢?"小高谦心里还在想。

但风越刮越大,来不及想太多,小高谦快步冲到羊圈里,发现有人正在拖着一只羊往外走。

小高谦仔细一看,原来是刚刚刑满释放的陈先凤。

"站住,别动!"小高谦飞速跑到陈先凤面前。

看见突然窜出来一个人,陈先凤吓了一大跳,等回过神来,见是本村的小学生张高谦,马上不害怕了,奸笑着对小高谦说:"张高谦,不要多管闲事啊。"

"这是闲事么,你偷生产队的羊,我能不管么?"小高谦义愤填膺地说。

“这是生产队的羊，又不是你一个人的羊，你管得着么？”陈先凤还在狡辩。

“你不放下羊，我就喊了。”小高谦说道。

陈先凤哄骗说：“别喊，杀了羊分给你一半。”

小高谦愤怒地说：“生产队的羊，谁也不能碰，一根羊毛也不许动！”

陈先凤从口袋里掏出一些钱来，轻声说：“小兄弟，咱们都是一个村的，只要你睁一只眼、闭一只眼，这些钱就是你的了。”

小高谦劈手将钱打落在地上，怒骂道：“你这个坏蛋，真是瞎了你的狗眼，你想收买我，办不到。”

于是，小高谦抓住陈先凤手中的羊，想拼命夺回来。陈先凤见软的不行，便拿起锋利的柴刀威胁说：“你不要敬酒不吃吃罚酒，你说，你要命还是要羊？”

在柴刀面前，小高谦毫不畏惧，一边和陈先凤搏斗，一边高喊：“快来人呀，捉贼呀。”但是，风太大，小高谦的喊声被狂风淹没了。

狗急跳墙的陈先凤终于举起了柴刀向小高谦下了毒手，英勇的小高谦终因体力不支倒在了血泊之中。那只被小高谦夺回来的羊，也被鲜红的血染红了羊毛。为了保护集体财产，小高谦光荣地献出了自己年轻的生命。

听到小高谦牺牲的消息后，愤怒的村民马上行动起来，追查真凶，为小高谦报仇。不久，陈先凤被捉住了，受到了法律的严厉制裁。

年仅 13 岁的张高谦牺牲后，他的英雄事迹被广为传诵，他的英雄形象在广大少年儿童中产生了巨大的影响,被誉为"闽东山上小青松"。宋庆龄为张高谦亲笔题词"学习张高谦,做毛主席的好孩子"。郭沫若专门为张高谦写下了名为《雷锋式的红色少年》的诗篇,高度评价了张高谦的英勇行为和优秀品质。与此同时,团中央追认张高谦为"红色少年",并号召全国广大少年儿童向张高谦学习。为了表彰张高谦,1962年3月,共青团福建省委作出决定,追认他为"优秀少先队员"。20世纪60至80年代,"红色少年"张高谦的英雄事迹被写入小学语文课本,还被改编成了连环画《张高谦》及戏剧《红色少年》、歌剧《护羊曲》等,他的精神教育、鼓舞了几代人。少年英雄张高谦成了家喻户晓的英雄人物。

为缅怀张高谦的英雄事迹,进一步弘扬"热爱集体、无私奉献"的精神,在各级党委和政府的重视和支持下,1991年,福建寿宁县委、县政府在大韩村附近山头上迁建了新的张高谦烈士陵园;2000年,又迁建了新的张高谦纪念室,与张高谦故居、张高谦生前就读的大韩村小学等场所相依托,成为初具规模的爱国主义教育基地;2000年6月,共青团中央将张高谦烈士陵园列为第三批"全国青少年教育基地"。

参考文献:

1. 何为.张高谦.上海:少年儿童出版社,1964.
2. 温惠端,沈于正,大麦.张高谦.北京:中国少年儿童出版社,1966.
3. 杨云.郭沫若闽游诗集.福州:福建人民出版社,1979.
4. 李舒云等.张高谦.北京:人民美术出版社,1979.

挺身而出为集体　舍生忘死护财产

——记模范少先队员刘文学

刘文学，1945 年 2 月出身于四川省合川县渠嘉乡双江村一个贫苦农民家庭，从小就受到地主老财的欺压。1952 年 9 月，刘文学入双江村小学学习。1957 年秋，他光荣地加入了中国少年先锋队。1959 年 11 月 18 日，为了保护集体的利益，年仅 14 岁的刘文学被杀害。

渠嘉乡是一个美丽的地方，这里山清水秀，人杰地灵，民风淳朴。1945 年 2 月，在渠嘉乡双江村一个贫苦农民家庭诞生了一名男婴，取名叫刘文学。

在旧社会，贫苦的农民脸朝黄土背朝天，辛勤地劳作，只能靠自己的双手才能生存下去，受尽了地主的欺压和折磨。幼小的刘文学挨过饿、受过冻，被地主放出恶狗咬伤过。这些心酸的成长经历使得幼小的刘文学对旧社会充满了仇恨，心中暗暗地决定："不忘阶级苦，牢记血泪仇！"

新中国成立后，在中国共产党的领导下，广大劳动人民翻了身，成了国家的主人。刘文学的家乡开展了轰轰烈烈的土地改革运动。他们一家人从破旧的茅草房搬进了原来是地主住的大瓦房里。在政府的帮助和关怀下，刘文学背起新书包上学了。

刘文学很小的时候非常调皮，经常带领小伙伴们抓鸟蛋、捅蜂窝或者到河里摸鱼。妈妈怕他学坏了，对他管教非常严厉。从小就教育他："咱人穷志不穷，千万不要跟坏孩子学！"

刘文学虽然调皮，但他也很懂事，非常珍惜来之不易的幸福生活。放学回到家里，他主动为妈妈分担家里的农活。他还经常帮邻居的爷爷奶奶们挑水、喂牛、捡柴，同大人一起参加生产队的集体劳动。在学校，他学习非常刻苦，成绩优秀，而且光荣地加入了中国少年先锋队，积极参加少先队活动，认真完成队组织交给的任务。

在自己的笔记本上，刘文学工工整整地写上了心里常常念着的一句话："我们全国各地的小孩子，都要做毛主席的好孩子！"

1959 年 11 月 18 日傍晚，刘文学刚刚放学回家，妈妈就对他说："文学，现在大家都在为集体劳动，你也要坚持原则，积极劳动呀！"

"好的，妈妈，我马上参加劳动去。"刘文学高兴地答道。

刘文学早早地吃过晚饭后，快步跑到公社的蔬菜地里。这时，蔬菜地里已经有很多社员在劳动了，大家一边劳动，一边讨论着今年海椒的收成，干劲很足。刘文学也不示弱，加入到劳动的人群中。

不一会儿，夜幕降临了，刘文学已累得满头大汗。旁边的社员们看见了，对他说："文学，累了就休息一会儿吧。"

"没事的，我不累。"刘文学抹了一把汗水，继续干起来。

到深夜 11 点，一位老伯伯疼惜地对刘文学说："赶快回家吧，你明天还要上学呢。"

在周围社员的催促下,刘文学这才停下了手中的活,向家里走去。

借着夜色中的微弱星光,刘文学快步往家里赶。走到公社食堂的时候,他发现食堂旁边的海椒地里有一个鬼鬼祟祟的人影在晃动。刘文学心想:“这么晚了,谁在这里啊?社员们都劳动去了,难道……”想到这里,刘文学快步跑过去,一看,原来是被管制的地主王荣学,他正在偷海椒呢。

王荣学原是地主,解放后,政府宽大处理了他。当了收粪工以后,王荣学一直心存怨恨。当时的海椒要卖4角钱一斤,王荣学打算在顺道进城收粪时,把偷来的海椒带到城里去卖。正准备离开时,突然看见一个人出现在自己的面前,王荣学吓了一大跳。等他缓过神来一看,发现来人竟然是还在读书的刘文学,这才舒了一口气。

望着王荣学跟前的半背篼的海椒,刘文学厉声问道:“王荣学,你为什么偷公社的海椒?”

“我没偷呀,是公社派我来摘的。”王荣学一边眨着小眼睛,一边狡辩道。

“哼,你还不老实呢。既然公社派你摘海椒,那你为什么不到蔬菜地里去,却跑到这里来?”刘文学高声反问。

这时,王荣学一句话也答不上来。他紧张地朝四周看看,怕别人听到刘文学的声音。他连忙低声说:“又不是我一个人在偷,那边还有人在偷桔子呢,不信你去看看。”

刘文学知道王荣学一肚子坏水,但是为了看个究竟,又为了防止他逃走,刘文学就将王荣学的背篼抢先拿在手上,只要物证在,也不怕他逃走。

于是,刘文学就拉着王荣学来到远处更黑的红苕地桔子树下,却没有看见一个人影。刘文学知道自己受骗了,他转过身来愤怒地盯着王荣学。

王荣学马上装出一副可怜相,哀求道:"好兄弟,这件事情天知、地知、你知、我知,如果你不说出去的话,就没有人知道。如果你说出去了,我马上就要被关起来的。好兄弟,我们是一个村的人,你今天放我一马,改天我一定会好好报答你的。"

"哼,黄鼠狼给鸡拜年,没安好心。"刘文学心里暗暗地想着。

王荣学见刘文学还是一脸生气的样子,他就从口袋里摸出一元钱,塞到刘文学的手上,奸笑着对刘文学说:"小兄弟啊,这一块钱给你,就把我放了吧。"

刘文学一把将钱摔到地上,气愤地说:"没门!我是不会被你收买的!老师说过,少年先锋队要与坏分子作斗争。"说完,他就拉起王荣学的衣服,说:"别再耍花样了,你跟我到公社的治安委员会那里去。"

但刘文学毕竟只有14岁,力气没有40多岁的王荣学大,他怎么拉,都拉不动王荣学。

王荣学看软的不行,就来硬的。奸计被识破的王荣学终于露出了凶残的嘴脸,他挥舞着拳头,威胁道:"小家伙,别敬酒不吃吃罚酒,你再敢拉我,我就整死你。"

"你整死我,公社也不会放过你这个坏蛋的。"刘文学毫不畏惧地说。

看到还拉不动这个顽固的地主,刘文学高声喊道:"快来人呀,地主王荣学偷海椒了。"

刘文学洪亮的声音在夜空里飘荡,王荣学眼看这个少先队员这么纠缠不放，心里更加害怕了。为了不让别人听到，王荣学顿时起了歹心，要置刘文学于死地。

于是，王荣学凶相毕露，猛地将刘文学扑倒在地上。刘文学奋起反抗，敏捷地爬起身来与王荣学扭打起来。但是，刘文学哪是王荣学的对手，此时的王荣学已经失去了理智，像一条发疯的野狗，用身体死死地压住刘文学，用左手死死掐住刘文学的脖子，用右手捂住他的嘴，见刘文学失去反抗后，又用背篼上的草绳，凶残地将刘文学活活勒死，并把刘文学的尸体扔到了土沟中。

王荣学为了防止事情败露，他又将刘文学的尸体抛到附近的一个堰塘里，制造出刘文学自己失足溺水身亡的假象。

第二天，刘文学的妈妈发现儿子失踪，上报了生产队。后来，有社员在堰塘里发现了刘文学的尸体。四川省合川县公安局接到报案后立即赶赴现场，发现尸体的后颈处有明显的被掐过和绳子勒过的痕迹，初步断定刘文学不是溺水身亡。随后，办案警察又在距离堰塘50米处的红苕地上发现了洒落一地的海椒和打斗及尸体托移的痕迹，并发现了刘文学的脚印和一根草绳。经过缜密调查，公安局决定在生产队里召开社员大会，请大家大胆揭发。会后，有社员揭发说："地主王荣学的粪船上有装海椒的口袋。"

于是，办案警察找到王荣学，发现他的手上有被咬伤的痕迹，并在他的家里发现了赃物——海椒。经过审问，地主王荣学交代了其杀害刘文学的犯罪事实。

1959年11月21日，王荣学亲笔写下坦白书。11月22日，四川省合川县公安局发布逮捕证将王荣学逮捕。1960年，四川省合川县人民法院依法判处罪犯王荣学死刑，随后将他押赴刑场执行枪决。罪恶的王荣学终于得到了应有的惩罚。

刘文学牺牲后，合川县举行了万人追悼大会，共青团合川县委追认刘文学为“模范少先队员”。不久，共青团中央号召全国的少先队员都要向刘文学学习，广泛地掀起了“学习刘文学、做毛主席的好孩子”的热潮。

2009年，刘文学入选“100位为新中国成立作出突出贡献的英雄模范人物和100位新中国成立以来感动中国人物”。

“渠江水呀弯又长，有颗红星放光芒，模范队员刘文学，英雄事迹传四方……”这首纪念少年英雄刘文学的歌曲被当地人们传唱。刘文学为了保护集体利益，献出了自己年轻而宝贵的生命，他的名字将永远被铭记，他见义勇为的精神值得我们永远地学习！

参考文献：

1. 李致，蓝星，黄韶. 毛主席的好孩子刘文学. 上海：少年儿童出版社，1960.
2. 李致. 毛主席的好孩子刘文学. 成都：四川人民出版社，1964.
3. 贺宜. 刘文学. 上海：少年儿童出版社，1965.
4. 杨捷等. 巴蜀英烈传. 成都：四川少年儿童出版社，1982.
5. 共青团中央少先队工作委员会，四川少年儿童出版社. 中国现代少年英雄传：刘文学. 成都：四川少年儿童出版社，1985.

从小立下革命志 下定决心跟党走

——记“刘文学式新少年”何运刚

何运刚是新时期一位少年英雄，1965 年出生在四川省梁平县（今重庆市梁平县），从小就热爱英雄，崇拜英雄。伟大领袖毛主席逝世时，他写下了“从小立下革命志，下定决心跟党走”的誓言。1977 年何运刚毕业于西大街小学，同年升入梁平中学。1978 年 1 月 15 日晚，何运刚为了保卫集体财产，同偷盗集体财产的罪犯殊死搏斗，不幸英勇牺牲，年仅 13 岁。

何运刚是梁平县梁山镇群益大队人，他从小就爱集体、爱劳动。

1972 年秋天，何运刚已经到了上学的年龄，因为家里比较困难，他就千方百计地说服爸爸，用自己给生产队里放牛的收入，和小伙伴们一起走进了梦寐以求的学校。

学校里的一切都是那么的新鲜，有热心的老师，还有许多小伙伴。虽然当时处于“文化大革命”时期，但上学还是蛮有趣的，可以学习文化知识，还能听老师讲故事。

学校的老师可会讲故事了，有刘胡兰、王二小等，他们的故事对何运刚影响很大，其中最让他感动的还是刘文学的故事。这不仅因为刘文学是他的四川同乡，更重要的是刘文学爱护集体财产的品质和见义勇为的精神深深吸引了他。从此，他对英雄产生了崇拜之情，立志要以他们为榜样。

开学后不久，他就用压岁钱买了一本《火红的少年》，这是一本讲述刘文学事迹的书。有一天放学后，语文老师见何运刚还没回家，正坐在教室里聚精会神地看书，就好奇地走了过去。何运刚没有发觉老师，依然埋着头看书，还用笔在自己的本子上写着什么。

“何运刚，你在看什么书呢？”老师拿过何运刚手里的书，一看是《火红的少年》。

何运刚望着老师笑了，没说话。老师接着说：“嗯，这本书不错，刘文学是一个少年英雄，是你们学习的好榜样。”

何运刚点点头，等老师走后，他又看了一会儿才回家。

受革命先烈和英雄人物的影响，在他幼小的心灵里，决心要向他们学习，好好读书，多为集体作贡献。在他的笔记和作文中，经常写道：“我要学黄继光，敢拿胸口去堵住敌人的枪眼；要学刘文学，情愿死也要和阶级敌人斗争。”在学校里，他尊师守纪，勤奋好学，品学兼优；在老师和同学心目中，他是个好学生、好伙伴；在家里，他是个勤劳的孩子。

何运刚家中喂养了生产队的牛，牛草由他们家保管。有一天下午，他放学回到家里，看见爸爸正在辛苦地给生产队里的老牛喂草。他心想：“爸爸白天要在地里劳动，下午还要喂牛，多么辛苦呀。我现在长大了，可以为爸爸分担一些了。”于是，他放下书包，走到爸爸旁边，一边抱着牛草喂牛，一边对爸爸说：“爸爸，以后喂牛的任务就交给我吧，我可以帮你喂牛。”

“好孩子,可你现在学习要紧啊。”爸爸心疼地说。

“我能行的,白天我认真学习,傍晚时可以帮你放牛。”何运刚望着爸爸说。

“那好,但白天你得抓紧学习啊,不能把功课落下。”爸爸看到儿子这么懂事,十分高兴。

此后,放牛的任务就交给了何运刚。每天放学后,何运刚就赶着老牛去寻找新鲜的嫩草。不到半年,一头瘦弱的老牛就变得又肥又壮了。

除了放牛,何运刚还主动帮军属砍柴,帮小同学过河,同时更加勤奋学习。何运刚的邻居谭奶奶是位军属,老伴牺牲后,子女又不在身边。她的腿上长了一个脓疮,十几年都没治好。何运刚听说松树上有一种东西,烤出的白烟可以熏好脓疮。他就动员小伙伴们一起去采,用这种办法果然把谭奶奶腿上的病治好了。

上了中学以后,何运刚心里很难受,因为自己成绩不够理想。于是,他暗下决心:一定要好好学习,把丢掉的时间补回来。

于是,每天放学后回到家中,何运刚并没有把书包放下,而是直接背着书包去放牛。放牛时,他就拿出英语书和语文书出来背。功夫不负有心人。在期末考试中,他取得了优异的成绩,进入了班级前三名,受到了老师的表扬。

1978 年 1 月 15 日,这天正好是星期天,何运刚帮家里忙了一天,累得浑身发酸,像散架了一样。虽然外面天气格外寒冷,但考虑到明天要上学,所以,他在傍晚休息了一会儿,吃过晚饭,就拿出书本趴在自家桌子上看书、写作业。忽然,他听到外面有人喊:“何运刚,有人偷你家的牛草了!”

何运刚一听，想起当初爸爸对他说的话："稻草是牛的粮食，队里把稻草交给我们家保管，谁来偷草，一定要抓住他。"于是，他急忙从屋子里跑了出来，不顾一切地跑向牛草房。来到牛草房后，看到刚才喊他的周兴东也气喘吁吁地跑了过来。突然，一个人影鬼鬼祟祟地从牛草房里出来，还抱着一大把牛草。当他看到何运刚和周兴东时，立即撒腿就跑。何运刚看到有人偷牛草，就对周兴东说："你赶快回村去报信，我先去追他。"说完，何运刚独自跑到那个坏蛋面前，厉声说道："这是队里的牛草，你不能偷走！"

那人一看前面突然站了一个小孩，大声吼道："小兔崽子，你别多管闲事！否则我饶不了你！"他一边说，一边挥了挥拳头。

看那个坏蛋气势汹汹，何运刚脑海里浮现出了一个英雄的影子——刘文学。何运刚仿佛觉得刘文学在对自己说："不要害怕坏人，他做了亏心事，其实比你还心虚。"想到这里，何运刚心里充满了无穷的力量。

面对坏蛋的恐吓，何运刚并没有被吓倒，而是鼓足勇气，大声说："你是什么人？今天你不放下牛草，就别想走。"

那人一听，便将牛草丢在一边，接着就给何运刚一拳，重重地打在何运刚的脑袋上，口中还骂骂咧咧地说："这就是你多管闲事的下场。"

何运刚一阵剧痛，顿时觉得头昏眼花，踉跄了一下，倒在了地上。

这时，那个坏蛋抱起牛草准备逃走。虽然头痛得厉害，但何运刚挣扎着爬了起来。他的心里只有一个信念：决不能让那个坏蛋把牛草偷走。如果这次放了他，下次他再来偷牛草怎么办？一定要抓住他，把他送到生产队队长那里。想到这里，他一边大声喊捉贼，一边加快脚步追上那个坏蛋。

那人看到何运刚紧追不舍，就恶狠狠地对何运刚说："你别来找死，再追就再给你一拳。"

"走，你跟我到队长那里去。"何运刚拉着坏蛋的衣服往后拽。

那人看何运刚拽他的衣服，就恶狠狠地瞪着这个小孩，并威胁说："小家伙，就这么点牛草，也不值几个钱。你今天放了我，老子就不整你，要不然，我真的不客气了。"

"不行，你今天必须跟我到队长那里坦白，不然我是不会放过你的。"何运刚依然抓着那人的衣服不放，高声喊道："快来人啊，抓贼啊！"

那人一看形势不妙，心想："要是有人听到喊声跑过来，那自己就跑不了了。"他一把将何运刚按在地上，丧心病狂地掐住何运刚的喉咙。何运刚倒在了地上，喉咙里发出"嗬嗬"的叫声，拼命挣扎着，同时用双手紧紧地抱住那坏蛋的左腿。不一会儿，小英雄何运刚便停止了呼吸。为了保卫集体财产，年仅13岁的何运刚惨死在魔爪之下。

那坏蛋掐死何运刚后，好不容易才掰开小运刚的双手，飞速地消失在黑夜之中。不一会儿，周兴东带着生产队队长和队里的人匆忙赶到，但那个坏蛋已经逃脱了。

经过连夜追赶，一直追到第二天天亮，终于逮到了那个坏蛋。这个坏蛋名叫陈永祥，是附近东印劳改农场的逃犯，趁黑夜流窜到梁平。当时他想偷点牛草到瓦窑下过夜，不想被发现了。为了不暴露身份，仓皇逃跑，但何运刚紧追不放，于是，他就对何运刚下了毒手。但坏人终究逃脱不了法网，陈永祥被捕后受到了法律的严厉制裁。

何运刚英勇牺牲后，为了表彰他的英勇事迹，共青团四川省委、四川省教育局决定授予他“少年英雄”的称号。

1978年7月18日，教育部、共青团十大筹委会发出《关于学习少年英雄何运刚的联合通报》，指出：“何运刚……是在实现新时期总任务的伟大革命斗争中，涌现出的一个刘文学式的少年英雄。”同时号召广大共青团员、少先队员和青少年学生把少年英雄何运刚作为自己的学习榜样。

何运刚的生命虽然短暂，但他用短暂的生命谱写了一曲光辉的诗篇，他将永远活在人民心中。

参考文献：

1. 刘希立，季源业，张鸾. 少年英雄何运刚. 天津：天津人民美术出版社，1978.
2. 王世贵. 少年英雄——何运刚. 成都：四川人民出版社，1984.
3. 共青团中央少先队工作委员会，四川少年儿童出版社. 中国现代少年英雄传：何运刚. 成都：四川少年儿童出版社，1985.

中篇

女杰志高远

人生难得几回战　丹心铁血书春秋

——记“红色小歌仙”张锦辉

张锦辉是土地革命时期的红色小歌手，被群众誉为“红色小歌仙”，1915 年出身于福建省永定县金砂乡一个贫苦农民家庭，从小就爱唱歌，经常跟随宣传队宣传革命主张，1930 年初加入中国共青团。该年 5 月上旬，她因反革命分子告密被抓，牺牲时年仅 15 岁。新中国成立后，共青团中央把她列为“全国十大少年英雄”之一。

张锦辉出身于永定县金砂西湖寨一个贫苦农民家庭，在家排行老八，幼名张八嬷。由于家境贫寒，在重租盘剥和当地土豪劣绅的敲诈勒索下，张锦辉全家过着穷苦的生活。张锦辉四五岁时就喜欢唱山歌，在田间地头经常跟叔叔、婶婶们学唱山歌。自从新思想传到金砂后，她在中国共产党地方组织的启发指引下，开始唱起革命山歌。张锦辉聪明伶俐，嗓子清脆，歌声非常好听，有时在田里干活，就唱起歌来：

“住在山中怕豺狗，
住在乡里怕土豪，
山中还可避豺狗，
乡里无计避土豪。

天上星星满银河，
没有土豪摊派多，
逼债还要草鞋费。”

在苦难的日子里，张锦辉清脆的歌声犹如一缕春风，唱出了贫苦百姓的心声，也给他们消解了不少烦恼忧愁。

此外，她还经常以山歌为武器与土豪劣绅开展斗争。村里的土豪恶霸无恶不作，经常带着狗腿子来百姓家里收租、抢粮食。百姓们都被逼得无处躲藏，心里恨透了他们，都在背地里叫他们“花娘贼”。张锦辉恨透了这些欺负老百姓的土豪恶霸，便和村里的女伴们编起山歌来骂他们，上山拾草的时候就唱。她们的歌声久久地回荡在山坡上，乡亲们听得都非常高兴。但土豪恶霸听到后非常生气。有一次，他们听到张锦辉在唱骂他们的山歌，就把张锦辉抓到面前，威胁她说要把她抓到县城治罪，不许她再唱。张锦辉倔强地唱道：“爱唱歌就唱歌，偏唱山歌气土豪。”

1926年，为了更好地开展革命宣传活动，中国共产党在金砂办起了平民夜校。在地下党员的鼓励下，11岁的张锦辉背起书包上了夜校。她学习非常认真，学到了许多革命道理，还学会了许多革命山歌。老师经常让她领头带同学们一起唱，还告诉她：“我们学唱革命山歌，唱给群众听，这也是革命的一种方式。”在老师的启发下，她懂得了革命山歌就像革命的号角，要用歌声鼓舞千千万万的穷人起来革命。

1928年，金砂举行武装暴动并取得了胜利，建立了工农政权，党领导老百姓开展了“打土豪、分田地”的革命运动。13岁的张锦辉光荣地加入了共产主义儿童团。除了用嘹亮动听的歌声宣传革命外，她还积极地为红军站岗放哨、盘查路人。

1929年，毛泽东、朱德同志领导的红军来到了闽西，并在永定建立了苏维埃政权，从而壮大了闽西的革命力量。张锦辉剪下辫子，报名参加溪南区苏维埃政府领导的宣传队，成为了一名小宣传员。每当召开群众大会时，她都要唱上几首革命山歌，被群众亲昵地誉为“红色小歌仙”。

有一次，区苏维埃政府召开红军扩大会议，张锦辉赶到会场，亮开嗓子唱起了《十劝哥》：

“一劝哥，莫念家，
哥当红军妹当家，
穿起军衣拿起枪，
放下锄头和犁耙。

二劝哥，莫念家，
家中一切休管它，
一心一意参军去，
消灭土匪好大家。
……”

大家听了她的歌，不住点头，革命的道理就像火一样照亮了大伙的心，许多人当场就报名参加了红军。

张锦辉不仅用歌声鼓舞人们参加革命，还从身边的点点滴滴做起，支援前线的战士们。到了晚上，她也不停下来，挑着夜灯为战士们缝补衣服、做军鞋。

1930年初，张锦辉跟随宣传队来到和白区交界的西洋坪村开展工作。村里的人听说“红色小歌仙”来了，都争先恐后地赶来，想亲眼目睹一下她的风采，就连平时不出门的老奶

奶、老爷爷也拄着拐杖来听她唱歌。张锦辉看着热情的乡亲们,她清清嗓子,便唱起了《救穷歌》:

"头一冤枉是工农,
着件衣衫补千重,
三餐食顿番薯饭,
住间屋子净窟窿。
土豪放债剥削你,
还有劣绅欺辱你,
有钱无理变有理,
无钱有理不理你。
……"

大家听得非常投入,都夸张锦辉唱得好。唱完以后,很多小姑娘都围到张锦辉身旁,嚷着要跟她学唱歌。这些歌声不仅给苦难的老百姓带来了快乐,也给他们带来了希望。

宣传队本来做完宣传工作后就要离开西洋坪村,但由于当地群众极力挽留,当晚张锦辉和区苏维埃政府主席便留了下来。正好区苏维埃政府主席的老母亲家也在这个村里,张锦辉就和主席来到了他的母亲家。亲人相见,自然有说不完的话。正当她们聊得开心的时候,突然听到村子里一阵响动,不远处传来狗叫声。原来是村里暗藏的反革命分子把张锦辉等人的行踪告诉了敌人。当天夜里,峰市反动民团袭击了西洋坪村,逮捕了张锦辉和区苏维埃政府主席。

第二天,敌人将他们押到峰市镇。敌军头子亲自审问,并在张锦辉面前摆好了各种刑具,对她说:"你年纪小,又是个小丫头,受不了皮肉之苦。只要你把红军和赤卫队的活动情况告诉我们,我马上赏你二十块大洋,还放你回家。"

张锦辉怒斥敌人:“谁稀罕你们的东西,搜刮老百姓早晚要遭报应!”说着,张锦辉朝白军头子吐了一口唾沫,骂道:“你一双狗眼不识人,这些刑具只能吓唬软骨头!”

敌军头子气得大骂:“小共产党,难道你不怕死?”

“怕死?怕死就不闹革命了。就是上刀山入火海,我也决不皱眉头。”张锦辉冷笑道。

敌军头子看张锦辉软的不吃就来硬的,一连严刑拷打了三天。在这三天里,敌人用尽了各种刑具。张锦辉吃尽了苦头,身上几乎没有一处完整的皮肤,但她还是和其他被捕的同志一样,坚强如钢,视死如归,没有向敌人透露半点党的机密。

看到这几天的审问毫无收获,敌军头子动起了歪脑筋,还是想从张锦辉这儿打开缺口。于是,他假装慈悲地对张锦辉说:“锦辉呀,你还是一个女孩子,不要执迷不悟啊,你年纪还小,以后的路还长着呢,只要你从现在开始悔过自新,我们就放你走。”

“呸!你休得用花言巧语来哄我。”张锦辉皱着眉头对他说。

“我这是为你好呀。你还小,不要受共产党的蛊惑,现在回头还来得及。”敌军头子假惺惺地说。

“算了吧!恩人和敌人,我自己分得清楚。就是把我杀了,我也不会说出共产党的秘密。”张锦辉义正词严地说。

气急败坏的敌人无计可施,决定对张锦辉他们下毒手。

1930年5月16日,峰市镇街上人来人往。突然,传来一阵嘹亮的《国际歌》:“起来,饥寒交迫的奴隶……”在敌军的呵斥声中,人们纷纷躲开。只见张锦辉等人被敌人五花大绑地押过来,边走边唱。街道两旁的人们见此情景,无不纷纷落泪。

张锦辉看到乡亲们，便用更大的力气唱道：

“唔怕死来唔贪生，
天下的事情妹敢当；
一心革命为穷人，
阿妹敢去上刀山。
扛起红旗呼呼响，
工农红军有力量；
共产党万年坐天下，
反动派日子不久长。
穷苦工农并士兵，
希望大家要齐心；
打倒反动国民党，
何愁天下唔太平。
……”

嘹亮的歌声直冲云霄，响彻大地。张锦辉知道，最后的时刻就要到来，她要用自己的歌声来控诉这个万恶的旧社会，来表达对战友的鼓励和对乡亲们的依依不舍。

听到“红色小歌仙”的歌声，围观的群众越来越多。张锦辉唱了一首又一首，她的歌声深深地打动了乡亲们的心，许多人听得泪如雨下。

走上刑台，张锦辉望了旁边刽子手一眼，然后昂首挺胸，用尽全身力气高呼：“中国共产党万岁！”

罪恶的刽子手举起了枪，扣动了扳机。年仅15岁的张锦辉从容就义，倒在了刑场上。但她的歌声永远飘荡在人们心中，永远在中华大地传扬。新中国成立后，共青团中央把张锦辉列为“全国十大少年英雄”之一。

参考文献：

1. 吴翕斌.红色小歌仙.福州：福建人民出版社，1979.
2. 苏平.张锦辉——红色小歌仙.北京：农村读物出版社，1990.
3. 永定县地方志编纂委员会.永定县志.北京：中国科学技术出版社，1994年.
4. 苏俊才、吴升辉.机智红小鬼.福州：福建少年儿童出版社，2006.
5. 罗福初.金砂之光——丹心铁血写春秋.香港：中国评论学术出版社，2011.

“怕死不当共产党” 断头流血誓不悔

——记视死如归的刘胡兰

刘胡兰，1932 年出生于山西省文水县云周西村，1942 年加入当地组织的儿童团并担任团长。1945 年 10 月，刘胡兰加入“妇女干部培训班”学习并于 1946 年 5 月调任第五区“抗联”的妇女干事。1946 年 6 月，她光荣地成为中国共产党预备党员。1947 年 1 月 12 日，她被突然袭击的敌人逮捕，宁死不屈，光荣牺牲，年仅 15 岁。刘胡兰成为已知的党的历史上年纪最小的女烈士。毛主席为其题词“生的伟大，死的光荣”。

刘胡兰，1932 年 10 月 8 日出生于山西省文水县云周西村，原名刘富兰，在她 4 岁时，生母王变卿因常年身体虚弱和疾病缠身而去世，继母胡文秀将其“富”字改为自己的姓氏“胡”字，于是正式更名为刘胡兰。

1937 年 7 月 7 日，“卢沟桥事变”发生，抗日战争全面爆发。文水县的乡亲们在中国共产党的领导下积极组织抗日游击队，支援中国的全面抗战，与日本侵略者展开了英勇的斗争。

1938 年 5 月，文水县的抗日游击队在离云周西村 25 公里远的大象镇成功地伏击了日本侵略军。同年，在文水县担任县长的共产党员顾永田来到云周西村向乡亲们宣传抗日救国的道理，并讲述了许多抗战事迹。小胡兰在旁边听得非常认真，在小小的内心深处就潜移默化地播下了革命的火种。

1942年，村里组织起儿童团，10岁的刘胡兰被选为儿童团团长。小小年纪的她带领着伙伴们勤快地站岗、放哨、查路条，为八路军侦察敌情、运送武器弹药，掩护抗日的干部，为抗日战争的胜利作了不少的贡献。

1942年，中共文水县敌后工作委员会成立，刘胡兰常常跟随武工队员到各地散发传单、张贴标语。在艰苦的抗日战争岁月中，许多优秀的共产党员都为革命献出了自己宝贵的生命。他们宁死不屈和视死如归的精神，小胡兰都看在眼里，记在心上。在革命的洗礼之中，在干部的教育之下，在先烈牺牲的悲壮精神影响之下，刘胡兰坚定地走上了革命的道路！

1945年6月，长达八年的抗日战争终于结束了，可是中国并没有恢复和平。以蒋介石为首的国民党反动派为了建立自己的独裁统治发动了反共、反人民的内战，爱好和平的中国共产党和广大人民不得不再次投入到腥风血雨的解放战争之中，刘胡兰也再次投入了新的战斗。

1945年10月，中共文水县委举办了"妇女干部培训班"，专门为革命培训优秀的妇女干部，刘胡兰当仁不让地参加了"妇训班"（"妇女干部培训班"的简称，下同），并担任了小组长。虽然在"妇训班"的日子非常辛苦，可是刘胡兰不畏艰苦，潜心学习，还常常帮助同学们拾柴、烧饭，与同学们谈心，做力所能及的事情。由于反动派的骚扰和破坏，"妇训班"多次转移。在转移的时候，刘胡兰帮助体弱的同学扛行李、背粮食，不喊苦、不叫累。她常常鼓励大家说："八路军打仗连死都不怕，我们哪能怕困难啊！"在当地召开的"反霸群众大会"上，刘胡兰登台发言。她慷慨激昂地揭露和痛斥恶霸地主残害、剥削广大劳动人民的罪恶行径，得到了在场的乡亲们的一致认可，并受到了区里的表扬。

不久，刘胡兰在"妇训班"结业回村，担任了村里的"妇女救国会"的秘书。她在妇女中间宣传革命道理，说明妇女救国的重要性，还积极组织妇女办冬学，学习文化知识和军事技术，并带领妇女们积极纺线织布、为八路军做军鞋、看护伤员、参战支前。1946 年春，县里下达了 200 斤棉花的纺织任务，限期 20 天完成。刘胡兰带领妇女们昼夜苦战，最后提前 2 天超额完成了任务。

由于刘胡兰的出色表现，1946 年 5 月，她调任第五区"抗联"的妇女干事。1946 年 6 月，刘胡兰又光荣地被吸收为中共预备党员。

1946 年，中国共产党处于战略防守阶段，国民党军队对解放区展开全面进攻。这年秋天，国民党大举进攻陕甘宁边区。文水一带的八路军多被调往晋西作战，晋中兵力空虚，阎锡山率领国民党军趁机扫荡晋中平川。为了保存革命力量，上级指示中共文水县委，留下少数干部组织敌后武工队继续坚持斗争，而其余干部都要转移到山上以避免不必要的牺牲。刘胡兰虽然也接到了要求转移的通知，可是她考虑到自己年纪小，便于隐蔽，又不易被敌人怀疑，主动请示要求留下坚持斗争。上级批准了她的请求。于是，年仅 14 岁的刘胡兰留在了自己的家乡积极发动人民群众，搜集情报，出入"青纱帐"，隐匿"古墓穴"，很好地配合敌后武工队打击了敌人。

云周西村的村长石佩怀是反动派的帮凶，他不顾人民的利益，为阎锡山军队派粮派款、递送情报，成为当地的祸害。1946 年 12 月的一天，在刘胡兰的配合下，武工队员成功地将其逮捕并处死，解决了这一祸害。可是，反动派并不罢休，阎锡山军决定实施报复行动。1947 年 1 月 8 日，阎锡山军联合该镇的地主武装“奋斗复仇自卫队”突袭了刘胡兰所在的云周西村，并抓走了村民石三槐、石六儿和石五则。大家都催促刘胡兰快走，可是刘胡兰坚定地说：“走不走要等上级通知！”

在敌人的严刑拷打之下，石三槐和石六儿宁死不屈，没有吐露半点党的秘密，可是石五则因之前与刘胡兰有过节，后又被撤销职务、开除党籍，故而一直怀恨在心，他轻易地变节并将刘胡兰等留在村里的共产党员全部出卖了。

1947 年 1 月 11 日晚，文水县第五区区长向刘胡兰传达了上级要求她立即撤离的指示，于是刘胡兰当晚收拾行装准备第二天一大早就出发。可是次日拂晓，盘踞在大象镇的敌人和地主武装突然包围了云周西村，封锁了所有的路口，不许任何人出村。敌人把之前抓捕的石三槐等人押解回村，强令村中老小到观音庙集中。刘胡兰无法离开村子，于是先到隔壁刚生了孩子的金钟嫂家里躲起来，装作照料伺候坐月子的人。可是敌人下令每家只准留一人在家，否则就按私通共产党的罪名论处。为了不连累乡亲，刘胡兰毅然地走出了屋子，来到了村前的观音庙。

刘胡兰很快就被敌人发现并抓捕了。临走前，刘胡兰把身上的三件物品放到了母亲的手上：奶奶给的银戒指、八路军王连长送的结婚信物小手绢和入党信物万金油盒。这是她最珍视的三样东西，现在她平静地把它们交到了母亲的手中，毅然地离开乡亲，勇敢地面对将要到来的一切，做好了牺牲的准备！

她踏进大庙，看到了浑身血迹的石三槐、石六儿等人，顿时肃然起敬！阎军军官张宝全开始审讯刘胡兰。他问道：“你就是刘胡兰？”

刘胡兰朗声答道：“我是刘胡兰，怎么样？”

“你给八路军干过什么事？”

“只要是我有能力做到的，我都干过！”

“你们区里的八路哪去了？”

“不知道！”

张宝全看什么都没有问出，于是说道：“有人供出你是共产党！”

刘胡兰头一昂，骄傲地答道：“我就是共产党，怎么样？”

张宝全看她小小年纪，于是哄骗道：“如果你自白，交代你知道的一切的话，我就放了你，还会赏你块好土地。”

刘胡兰义正词严道：“就算给我个金人我也不要，不知道就是不知道！”

“只要你当众说你以后再也不给共产党办事，我就放了你。”

“办不到！”

敌人气急败坏，先将石三槐、石六儿、张年成和干部家属石世辉、陈树荣、刘树山共6人带到刑场用乱棍打昏之后，用铡刀将他们一个一个地杀害了。刘胡兰和乡亲们亲眼看着同志们在眼前死去，都非常难过。张宝全指着他们的尸体问刘胡兰：“你怕不怕死？”

“怕死不当共产党！”

“只要你自白,我就可以放你一条生路。”

刘胡兰大声呵斥道:“要杀便杀,何须多言! 不过我告诉你们,共产党是杀不绝的,革命烈火是扑不灭的,你们的末日不远了!”

敌人看刘胡兰小小年纪却有如此勇气与决心,待在了原地,忽然被刘胡兰大声的一句“我是怎么个死法”吓了一大跳,回过神来的敌人颤抖着答道:“跟他们一个样……”

刘胡兰昂首挺胸,迈着矫健的步伐走到铡刀旁,毅然地躺在刀口上,闭上了双眼。可是她在心里看见了祖国的大好河山,同志们的亲切面容,她始终坚信着:革命一定会胜利,大好的明天一定会到来的! 就这样,年仅15岁的刘胡兰死在了敌人的铡刀之下,为了新中国的成立,为了共产主义的事业,奉献了自己宝贵的青春年华!

1947年春,毛泽东同志在转战途中听闻刘胡兰为了革命英勇牺牲的事迹之后为其亲笔题词:“生的伟大,死的光荣。”同年8月1日,中共中央晋绥分局决定追认刘胡兰为中国共产党正式党员。

刘胡兰,一朵粲然的花蕾,还未来得及怒放,就已凋谢。可是她15岁的短暂生命,至今依然芬芳!

参考文献:
1. 梁星. 刘胡兰. 北京:中国少年儿童出版社,1956.
2. 陈宇光. 刘胡兰. 北京:中华书局,1959.
3. 山西刘胡兰写作组. 女英雄刘胡兰. 太原:山西人民出版社,1975.

4. 关世楠. 英雄刘胡兰. 南京:江苏人民出版社,1975.
5. 马峰. 刘胡兰传. 北京:中国青年出版社,1978.
6. 共青团中央少先队工作委员会,四川少年儿童出版社. 中国现代少年英雄传:刘胡兰. 成都:四川少年儿童出版社,1985年版.

革命豪情漫岭飞　巾帼忠魂践誓言

——记“浙南刘胡兰”郑明德

郑明德是抗日战争时期的一位女英雄，1925年出身于浙江省平阳县凤林村一个革命家庭里，1938年参加革命，1941年3月加入中国共产党，7月，在转移到瑞安公阳地方时，不幸被捕，坚贞不屈，于1942年6月27日被敌人残忍杀害，年仅17岁。人们称颂她为“浙南刘胡兰”。

1925年，随着一声“哇”的哭声，浙江省平阳县凤林村郑海啸家中诞生了一名女婴，名叫郑明德。凤林村是浙南最老的游击根据地之一，而郑海啸是当时中共平阳县委书记。郑明德出身在这样一个革命家庭，使她幼年就在党的教育下、在革命的环境中茁壮成长。

郑明德从小就喜欢听革命故事。当时中共浙江省委书记刘英常常住在郑明德家。每次吃完晚饭，小明德就缠着刘书记给她讲革命故事。每次听完后，小明德总是拉着刘书记的胳膊说：“刘伯伯，再讲一个吧，我还想听。”

一天傍晚，刚刚吃过晚饭，天真活泼的小明德又拉着刘书记的手缠着他讲革命故事。刘书记就讲了方志敏的事迹，小明德几乎听得入神了。当她听到方志敏伯伯那种热爱祖国、关心人民和蔑视敌人的种种事迹时，小小的脸蛋不时露出笑容；当她听到方志敏伯伯为了革命事业英勇牺牲时，小小的心灵深感悲痛，禁不住“呜呜”哭起来。小明德就这样在党的指引下，在爸爸和身边大人的熏陶下，在幼小的心灵里种下了革命的种子，对革命充满了热情，慢慢地走上了革命道路。

抗日战争全面爆发以后，12 岁的郑明德虽然年纪还小，但她对日本鬼子侵略中国的罪行充满了仇恨，经常积极地参加抗日救亡工作。有一次在平阳水头街召开的群众大会上，郑明德用洪亮的嗓音向群众宣传共产党的抗日主张，说得有条有理，博得了台下群众的赞许。由于在抗日宣传中表现出色，她很快成为身负重任的革命骨干。

1938 年春，粟裕同志率领部队北上抗日。为了给部队供应充足的衣服、粮食等物资，中共平江县委号召群众积极支持部队抗日。郑明德听到消息后，挨家挨户发动群众为部队赶做军鞋，并把自己家里的旧被单、破衣服都拿出来做军鞋。在她的带动下，凤林村家家户户都响应县委的号召，在很短的时间里，就赶做了四百多双军鞋。此外，她还教乡亲们唱抗日歌曲，搞义卖活动，办妇女识字班，各项工作都搞得有声有色。

1940 年，白色恐怖笼罩着浙南游击根据地，地下党组织的活动更加艰苦了。但是，郑明德并没有因此退却，她毅然告别多病的母亲和年幼的妹妹，离开家乡，跟随部队来到革命斗争的第一线。在她离开家不久，敌人就把她家的房子烧了，妹妹也被抓了起来。得知这一消息后，郑明德强忍着泪水，国仇家恨一起涌上心头，她的革命意志更加坚定了。

在革命的岁月中，在严峻的考验下，郑明德很快成长起来。1941 年 3 月的一天，郑明德站在鲜艳的党旗下，庄严地宣誓:“为共产主义事业奋斗终生!”郑明德成为了一名光荣的共产党员,党对她的要求也更高了。

按照党组织的决定,郑明德被派到环境最艰苦、斗争最激烈的平西区工作。临走前,父亲郑海啸语重心长地嘱咐她:“平西人民等着你去传达党的声音。你要依靠群众,坚持斗争,要经得起任何考验……”郑明德坚定地表示:“爹放心,我决不辜负党的教育,一定完成任务!您自己多保重!”

1941年7月16日,郑明德和其他十几名同志在往瑞安公阳地方转移时,被敌人发现了。当时,郑明德脚病发得厉害,加上一昼夜的急行军,饥饿、劳累一齐袭来。但她忍着剧痛,依靠强大的毅力坚持前进。突然,一颗子弹打中了她的腿,鲜血直流,行动更加困难了。旁边的一个同志说:“我来背你。”郑明德拒绝了:“你们先走吧,现在情况紧急,我不能拖累大家。”同志们只好含着泪把她隐藏在山坑里。但狡猾的敌人顺着血迹搜索,郑明德不幸地落到了他们的魔爪之中。

郑明德被捕后,先被押到了瑞安,叛徒一下子就认出了她。

“县长,她就是郑明德,是中共平江县委书记郑海啸的女儿。”叛徒对国民党平阳县县长张韶舞说。

“哈哈,这次我们可钓到大鱼了,先把她押送到平阳县再说。”张韶舞得意地说。

起初,张韶舞以为郑明德只是个黄毛丫头,稍加哄骗、恐吓就可撬开她的嘴巴。可是,他的如意算盘落空了。

到了平阳以后,一开始由张韶舞审问,而得到的结果是被郑明德驳斥得哑口无言。之后,张韶舞又施一计,派他的爪牙郑学沛以同乡之名去监狱里劝说。这一招同样被郑明德识破，遭到了她一顿痛骂。不久，无耻叛徒施泽民也企图邀功，去劝说郑明德投降，但也被郑明德骂了回来。坚强不屈的郑明德识穿了敌人的种种阴谋。

反共老手张韶舞不甘心自己竟治不了一个黄毛丫头，他决定再次出马。张韶舞带着酒菜来到狱中，假惺惺地对郑明德说："小姐受苦了，这些好酒好菜，是特地为小姐准备的。"

郑明德一看见这个杀人魔王，就满腔怒火。她背过脸去，不理睬他。

"郑小姐怎么不说话了，是不是已经想清楚了？"张韶舞无耻地说道。

郑明德回过头来，大声说道："卖国贼，我与你有不共戴天之仇，我跟你没有话说。如果真要我说，那就是'我恨不得扒你的皮，抽你的筋'！滚！我不想看见你！"

丧心病狂的张韶舞顿时凶相毕露。"拿刀子来，我就不信连刀子都撬不开你的嘴巴。"张韶舞咆哮道。

刽子手把大刀架在郑明德的头颈上。张韶舞歇斯底里地狂叫道："限你三分钟，招还是不招？"

郑明德面无惧色，咬紧牙关说："要杀就杀，我死也不会把秘密告诉你们！"

张韶舞说："我看是你的嘴巴厉害，还是我的'老虎凳'厉害。来呀，给我用刑。"敌人对郑明德进行了惨无人道的折磨，把郑明德架在"老虎凳"上。虚弱的郑明德很快便晕了过去。敌人又把她吊起来，用辣椒水一碗碗地往她鼻孔里灌。鲜血不停地从郑明德的鼻孔里流出来，但郑明德回答敌人的只有这么一句话："要么把我放出去，要么枪毙我，别无其他。"

在被关押期间，郑明德仍然心系革命、心向党。有一次，她听监狱的女看守说国民党保安团在部署兵力，准备向瑞安边境游击区进攻。郑明德得知这一消息后，心里非常着急，同时想方设法将这一情报送了出去。由于情报送得及时，游击队安全转移，保存了革命力量。

平时只要没被审问，郑明德就忍着剧痛，给难友们宣传革命道理，传唱革命歌曲，还与男牢房里的共产党员取得了联系，为改善难友们的伙食进行了斗争，最终取得了胜利。

虽然敌人对郑明德进行了残酷的折磨，但坚贞不屈的郑明德始终守口如瓶。敌人拿她实在没办法，终于对她下毒手了。

1942 年 6 月 27 日下午，天色阴沉，杀气腾腾的敌人将郑明德的牢房打开了。郑明德知道最后的时刻已经到来，从容地拖着脚镣走出牢房，向难友们挥手告别："同志们，革命肯定会胜利的，大家要坚持到底，跟敌人斗争到底！"郑明德毫无惧色，即将走上刑场的她还在鼓舞着难友们。难友们眼含着泪水，多么地舍不得这个坚强的小战友啊。

郑明德的双脚已经溃烂，身体很虚弱。敌人将她按在人力车上，叫车夫朝刑场方向拉。此时，郑明德穿着一双新鞋。她拍了拍年老的车夫的肩膀，对他说："大爷，我们都是穷人，这双鞋还是新的，可我用不上了，你收起来吧！"接着，郑明德就把鞋子脱下来递给老车夫。老车夫含着热泪，同情地摇摇头，身体一恍惚，把车子停了下来。旁边凶恶的敌人狂喊狂叫，用枪托打了老车夫一下，逼着他拉车继续前进。

到了刑场，郑明德昂首挺胸地走上刑台，对刽子手说："你们这些狗东西，今天杀了我一个，10 年后，你们都要完蛋了。”刽子手举起了枪，郑明德高声呼喊：“打倒国民党反动派！”“共产党万岁！”枪响了，英勇的郑明德倒在了故乡的土地上。

郑明德英勇就义时，年仅17岁。后来人们称颂她是“浙南刘胡兰”。她用自己短暂的青春谱写了一曲动人的光辉诗篇。她那革命精神的火花，将永远闪耀在中华大地上。

参考文献：

1. 周道明. 女英雄郑明德. 杭州：浙江人民美术出版社，1959.
2. 金龙贵，黄嘉斌. 战斗在浙西南. 杭州：浙江人民出版社，1959.
3. 黄嘉斌. 浙南刘胡兰. 杭州：浙江人民出版社，1960.

巾帼英烈胜须眉　满腔热血证丹忱

——记“胶东刘胡兰”张晶麟

张晶麟，山东荣成人，1926 年出身于荣成县俚岛区青安屯村一户贫苦农民家庭。在日本侵略者入侵中华大地之时，她积极地加入了抗击日本侵略者的队伍。1941 年，为掩护群众撤退，张晶麟不幸被捕牺牲，年仅 15 岁，后被当地群众誉为刘胡兰式的巾帼英雄。

张晶麟出生在烽火连天的岁月，迎接她的就只有贫穷和苦难。父亲在她出生前两个月被贫困和疾病夺走了生命，当时家里穷得连棺材都买不起。母亲是个勤劳坚强的农村妇女，全家依靠她辛勤耕耘村子附近的一亩贫瘠的山岭薄地和给本村小学教员做饭赚取的微薄收入勉强维持生计。

张晶麟在艰难生活的磨炼下，养成了耿直、刚烈的性格，见到看不惯的事情她总是敢于挺身直言。在旧社会，农民的生活很艰辛，一年到头都在辛辛苦苦地忙碌，但还是吃不饱、穿不暖，而地主老财一点活不干还能大吃大喝。每当看到地主老财欺负农民，张晶麟都要出来管一管，大骂地主狗腿子。

张晶麟 10 岁那年，村里办起了女子半日制学校。那个时候，穷人家的孩子尤其是女孩子上学是很少见的。张晶麟的妈妈知道当“睁眼瞎”的苦楚，为了让孩子多长见识、能够摆脱贫困的生活，她咬紧牙关，宁愿自己多吃点苦、多受些累，也要节衣缩食地送女儿去读书。

上学以后，张晶麟没有辜负妈妈的希望，积极上进，学习非常勤奋。在课堂上，当老师给她们讲古代岳飞、文天祥等民族英雄的故事时，她总是瞪着一双大眼睛，听得很入神，回到家里还讲给妈妈听。热爱祖国、坚决抵御外强侵犯的英雄事迹如同滴滴甘露，滋润着张晶麟幼小的心田。从此，她暗下决心，一定要更加努力地学习，将来报效祖国。

1940 年 2 月，日本鬼子入侵了张晶麟的家乡。每次进村，惨无人道的日本鬼子都放火、杀人、洗劫财物，无恶不作。

一天中午，日伪中队长孙克文带领着一大队日本鬼子像猛兽一样闯进青安屯村。一时之间，村里一片混乱，村民们扶老携幼，哭叫着向北山逃命。凶恶的敌人首先放火烧了几户村民家的草房，浓烟笼罩着整个村子。接着，他们又残忍地杀害了张春生老汉和丁南、喜英等孩子。此外，日本鬼子的马匹还任意地践踏田间的庄稼，并把村里的家畜、家禽和财物洗劫一空。

看着这惨不忍睹的景象，张晶麟恨不得冲上去跟鬼子拼命，但是理智告诉她，现在还不是报仇的时候，她在心里咬牙切齿地说：“总有一天我会让你们血债血偿的！”

第二天，张晶麟便找到了村里的地下党支部书记张之诚，热切地要求加入村妇救会。张书记看到她是个好苗子，便批准了她的要求。在党组织的培养和教育下，张晶麟很快就茁壮成长起来。她懂得了革命的道理，并积极从事抗日宣传工作，站岗放哨，工作十分投入，同时还努力学习文化知识，是全村妇女中的一名活跃分子。

1941年4月初，经张之诚推荐，张晶麟被调到峨石乡担任自卫团团部干事。张晶麟接到调令后，热血沸腾，异常激动。在上任前夕，她对张书记表示："我一定不辜负组织对我的信任，我一定会继续努力，出色地完成党和组织交给我的任务。"第二天晚上，张之诚根据指示带张晶麟到乡里报到。

峨石乡的环境十分恶劣，但张晶麟无所畏惧，总是没日没夜地走村串乡，仔细检查岗哨，认真组织妇女识字班的学习活动，教少年儿童唱革命歌曲，将工作开展得有声有色。

有一次，张晶麟在沟陈家村组织完妇女识字班的学习活动后，连夜赶回乡里参加"坚壁清野"秘密会议。走着走着，忽然发现前面隐隐约约地有一队人马在移动，她立即谨慎地上前去观察情况。当她发现是敌人后，立刻意识到在乡里开秘密会议的同志有危险。于是，张晶麟抄近路飞速赶往乡委所在地报信。由于张晶麟的及时通知，随后赶到的敌人扑了个空。

在大恒山南山腰有座虎础寺，那里地势险要。日本鬼子和伪军一直想利用这座寺庙作为自己的军事据点。如果敌人的阴谋得逞，那么荣成县与中部各地区以及旁边的威海地区的联络将会被切断，峨石乡委的抗日斗争将会更加艰难。

荣成县委仔细研究之后，将拆除虎础寺的任务交给了峨石乡委。峨石乡委接到县委指示后，立即准备组织群众拆除虎础寺。张晶麟听到消息后，马上找到乡委书记鞠同善，说："让我去吧，我在这里的工作时间长，对这里的环境都熟悉。"

鞠书记被张晶麟恳求的目光打动了，但是想到她的年龄太小，还是有点不太放心，说："这次的任务可是非常艰巨啊，是一个严峻的考验。”

张晶麟马上回答道:“如果让其他同志去,还是得找我熟悉情况,希望组织能够把这个任务交给我。”

鞠书记考虑到张晶麟机智勇敢,每次都能将上级的任务出色地完成,而且她也有很好的群众基础,便说:“好吧,那就把任务交给你,组织相信你一定能够出色地完成!”

张晶麟很高兴上级把这次任务交给她,于是连夜和其他几名同志分头到附近几个村庄发动和组织群众,讲明拆除虎础寺的重要性。在她们的动员和劝说之下,许多村民都积极地参加。

会议结束后,张晶麟又发动村里的妇女们为拆庙的群众准备干粮。直到深夜,她才拖着疲惫的身体回到乡委驻地。

第二天(农历七月二十七日)拂晓,张晶麟和干事小黄没顾得上吃早饭,怀揣了一块玉米饼子,就匆匆地赶到了虎础寺。不一会儿,拆寺的群众也带着铁锹、镐头等从四面八方匆匆赶来。在张晶麟和干事小黄的指挥和带动下,大家热火朝天地干起来。正在大家干得起劲的时候,突然,不幸的事发生了,从远处传来一阵阵枪声,还伴着喊叫声:“别让共产党跑了。”

由于汉奸告密,驻扎在俚岛据点的日伪军得到消息后,立即派了大批人马过来,气势汹汹地包围了虎础寺。情况万分紧急,拆寺的群众慌乱起来,不知所措。面对这突如其来的变故,张晶麟很快镇定下来,机智沉着地对小黄说:“我先引开敌人,你赶紧带领群众突围出去。”

张晶麟边说边组织指挥村民们疏散突围,村民们很快都从边上的小路跑开了。她大喊“村长”,故意暴露自己引开敌人。

一群敌人很快围了上来，张晶麟被捕了。但此时村民们已经脱险了。

张晶麟被捕后，敌人立即将她押到俚岛据点。当穿过俚岛大街时，两旁挤满了围观的群众。张晶麟脚步坚定、昂首挺胸，脸上毫无惧色，像一名从战场凯旋的勇士一样。

日本鬼子已经从汉奸那里知道了张晶麟就是这次活动的组织者，想从她的口里套出党的机密。张晶麟被押到据点后，一个日本鬼子拿着皮鞭问她："你在共产党队伍里是干什么的？"

张晶麟大声说道："杀日本鬼子、打日本鬼子的活都干！"

日本鬼子听了非常气愤，对张晶麟动用了鞭打、"老虎凳"、烙铁、灌辣椒水等各种残酷刑罚，张晶麟被折磨得遍体鳞伤，一次次昏迷过去。凶恶的敌人妄想用严酷的刑罚撬开张晶麟的嘴巴，但是张晶麟并没有屈服，严刑拷打反而更加激发了她与敌人斗争到底的决心和勇气。

农历八月初一凌晨，黔驴技穷的敌人将张晶麟押到了俚岛东烟墩山上。张晶麟知道自己最后的时刻将要到来。虽然外面一片漆黑，就如同黑暗的社会一样，但是，张晶麟相信灿烂的朝霞并不遥远。走到一棵苍翠的松树下，张晶麟艰难地支撑起伤痕累累的身体，脸上露出一丝微笑，回顾一生，对自己所从事的革命事业感到无比骄傲。张晶麟高呼："打倒日本帝国主义！中国共产党万岁！"

刽子手举起了屠刀。党的好女儿张晶麟就这样牺牲了，这位只有15岁的巾帼小英雄倒在了祖国大地的怀抱中。

张晶麟牺牲后，日本鬼子把她的头颅挂在俚岛村示众。

但敌人的残暴并没有吓倒已经觉醒的胶东人民。相反，烈士的鲜血擦亮了他们的眼睛，英勇的荣成儿女前仆后继，义无反顾地踏上了救国之路。张晶麟的英名，就像刘胡兰一样，就像千百万革命烈士一样，将永远与日月同辉。

参考文献：

1. 中国人民政治协商会议荣成市委员会文史资料研究委员会. 荣成文史资料：第一辑. 威海：中国人民政治协商会议荣成市委员会文史资料研究委员会，1988.
2. 山东省荣成市地方史志编纂委员会. 荣成市志. 济南：齐鲁书社，1999.
3. 王文正. 胶东解放区见闻录. 烟台：中共烟台市委党史研究室 2000 年刊行.
4. 中共烟台市委党史研究室，中共威海市委党史研究室. 辉煌的历程. 北京：中共党史出版社，2001.

铁烙活埋若等闲　赤胆忠魂践誓言

——记女英雄王华

王华是解放战争时期的一位女英雄，1929 年出身于江苏省宿迁市沭阳县塘沟乡碾盘村一户贫苦农民家庭，1944 年加入抗日民主政府领导的妇救会，积极从事抗日工作。1946 年，王华光荣地加入了中国共产党，与国民党展开了许多殊死斗争；1947 年不幸被捕，用 18 岁的生命谱写了一曲气壮山河的战斗之歌，后被淮海区委追授为“刘胡兰式女英雄”。

女英雄王华出身在塘沟乡碾盘村一户贫苦农民家庭，从小过惯了苦日子。有一次，红军来到了她的家乡，帮助乡亲们收粮食、挑水、砍柴，闲下来的时候，还经常给村里的小孩讲抗击日军、保家卫国的道理。王华看着红军穿着军装、配手枪那个威武的样子，心里羡慕极了。那时她便下定决心长大以后，也要像他们一样，端起机关枪，保家卫国。

1937 年，抗日战争全面爆发以后，日本鬼子在中国土地上烧杀抢掠、无恶不作。王华的家乡也遭到了日本鬼子的蹂躏。看到鬼子在村里肆意欺负老百姓、杀人放火，场面惨不忍睹，王华幼小的心灵里埋下了仇恨的种子。

1944 年，王华参加了抗日民主政府领导的妇救会。她积极从事抗日工作，在村里宣传抗日，动员村里的男青年们积极参军，还带领村里的妇女们给八路军磨面、做军鞋、缝军衣，帮助党组织传递情报，表现得非常活跃。

不久，解放战争爆发了。1946 年 8 月，17 岁的王华光荣地加入了中国共产党。在党组织的教育和帮助之下，王华的工作热情更高了。后来，她担任了周集区妇联副主任兼乡里的妇联主任。从此，她的工作更忙了，总是忙碌奔波在故乡的土地上，走村串户，宣传“我军必胜、蒋军必败”的道理，组织乡亲们接送、护理伤员，还配合乡村干部做了大量的治安工作，打击坏人、铲除奸细。这一切引起了敌人的恐慌，他们对王华非常憎恨。

1947 年 4 月 28 日，王华来到住在小梁庄的姑父梁聚德家，想要劝她姑父参加革命。由于坏人告密，流亡地主王大猪带领钱集据点的国民党军队和流亡“还乡队”包围了小梁庄。正当王华和姑父谈话时，一个村民匆忙跑到梁聚德家，对梁聚德说：“不好了，村子已经被包围了。”

梁聚德紧张地说：“闺女，这可怎么办？”

王华意识到敌人是冲她来的，镇定地说：“姑父，一定是我的行踪被敌人发现了，他们肯定是冲着我来的，现在离开已经来不及了，我看还是先躲一下。”

梁聚德赶忙拉着王华来到她姑妈的房间，并叮嘱她说：“不管发生什么事情，千万别出来。”

王华刚刚躲藏好，一群人就气势汹汹地闯进了梁聚德家中。为首的是王大猪，他一进门，一双眼睛就贼溜溜地转，并命令士兵到处搜。士兵们一边找一边抢着梁聚德家中值钱的东西。由于王华藏得隐蔽，这些士兵没找到她。

不一会儿，一个士兵跑到王大猪面前报告：“长官，没有搜到女共党！”

凶狠的王大猪拿着枪指着梁聚德的头，说：“据可靠情报，你侄女王华今天到你家来了，你把她藏哪去了？”

梁聚德一口咬定说：“王华没有来我家，我也没有看见她。”

王大猪气急了，一把拿过旁边士兵的枪，狠狠地砸了梁聚德一枪托子，打得他一阵眩晕，差点摔倒。

“快点说，王华到底藏哪去了？不说老子一枪崩了你！”

王大猪见梁聚德还不说，脸涨得像猪肝一样，大声吼道：“难道她长了翅膀了？把村子里的人都叫过来训话！”不一会儿，这群士兵就把村子里数十口人押了过来。

王大猪神气十足地开始“训话”了：“今天有人看到王华到小梁庄了，现在，你们谁说出来她藏在哪里，重重有赏。如果你们都不说，你们个个当心脑袋！”

可是，人群里没人回答，死一般地寂静。见此情景，王大猪又把目光转向了梁聚德，咆哮道：“交出王华，饶你不死。要是不交，老子现在就崩了你！”

一直藏在屋里的王华听见了，她知道这些坏蛋说得到就做得到，心想：“怎么能让姑父和乡亲们在外面受罪呢？自己身为一个共产党员不就是为群众干事的吗？现在群众有难了，自己应该挺身而出。一人做事一人当，决不连累乡亲们。”

于是，王华走了出来。

“我在这里，放开他，不关老百姓的事。”王华冲着敌人说。

“你终于出现了。”王大猪狞笑着。

“将这个共党绑起来。”王大猪命令道。

王华很快被绑了起来，临走时对姑父说了最后一句话：“姑父，记住，共产党一定会胜利的！”梁聚德含泪点了点头。凶残的敌人在走出屋子之前还是开枪打死了梁聚德。王华怀着满腔怒火被敌人押到了钱集据点。

阴暗窒息的据点弥漫着极其恐怖的气氛。王华被带到了审讯室，敌人开始了残酷的审讯。敌人知道王华是共产党员，极力地想从她身上搜出有用的信息。审讯王华的是一个满脸横肉的胖子，放在王华旁边的，都是一些她叫不上名字的刑具。

“你叫什么名字？”审讯官开始审问。

“你们明知故问。”王华面无表情地回答。

敌人又问道：“王华，你可知道你们的区委书记、区长都是谁？他们家在哪？”

“我不知道。”王华断然回答。

“那你们乡长是谁？”审讯官继续问。

“不知道！”王华果断地说。

敌人不甘心，继续问道：“那你知道区里的共产党员都有谁吗？”

“不知道，我什么也不会告诉你们的！”王华依然冷冷地回答。

敌人看硬的审不出什么结果来，接着又来软的。他们假惺惺地给王华松了绑，然后装腔作势地说：“小姑娘，看你年纪轻轻的，肯定受了共产党的蛊惑，才做出了一些傻事。只要你肯跟我们合作，我们可以给你一大笔钱，包你荣华富贵享受不尽!”敌人想以金钱诱惑王华,结果遭到了她的蔑视和嘲讽。

敌人又想了个卑鄙的招数。“王华,你不想招也行啊,但是你总得洗清自己共产党员的罪名啊,不如就嫁给我们连长吧,这样既保全了性命,又做了官太太,两全其美啊!”

“呸!谁要你们来洗清,共产党员清清白白,不像你们丑恶肮脏!”王华冷笑着说。

“你既然什么都不知道,又不肯合作,那我就让你尝尝不合作的滋味。”

凶残的敌人见王华不肯招认,恼羞成怒,对她开始用刑了。敌人先用皮鞭抽打她,接着让她坐“老虎凳”,然后又给她灌辣椒水。王华昏死了过去,但当她醒来过后,回答敌人的依然是三个字:“不知道!”

敌人绝望了,露出了更加丑恶的嘴脸,准备对王华下毒手。

这一天,敌人将王华押到外边一个早就挖好的坑边,一眼望去,这个坑大概有一个人的高度那么深。敌人恶狠狠地对王华说:“你到底招不招?这可是你最后的机会了。”

“怕死就不是共产党员了,既然我落在了你们手里,就没打算活着回去!”王华轻蔑地对敌人说道。

“埋掉她!”敌人正准备把王华推到土坑里时,有个小头目出来阻拦道:“慢着!让她尝尝穿铁打的红花鞋的滋味。”

原来,这个小头目看见王华脚上穿着一双破旧的红花鞋,顿时想到了这个恶毒的主意。

凶残的敌人把王华推到一个刚刚被烧得通红的铁犁铧前,将王华的鞋子脱掉,把她赤脚按在赤红的犁铧上。王华的脚板被烧焦了，剧烈的疼痛再次使她昏死过去。

为了得到他们想要的东西，敌人又端来一盆冷水把王华浇醒，吼道："滋味不错吧，你到底说不说？"

"不——知——道！"王华瞪着凶神恶煞的敌人，一字一顿地说道。

穷凶极恶的敌人气急了，一把将王华推进坑里，王华在坑内昂首高呼："中国共产党万岁！打倒国民党反动派！"敌人慌了，急忙推倒坑旁的土墙，将王华埋在了坑里。

年仅18岁的王华，作为一名具有铮铮铁骨的共产党员，为了保守党的秘密、保护乡亲们和同志们，献出了自己宝贵的生命。她宁死不屈的精神，将永垂不朽！

参考文献：

沭阳县地方志编纂委员会.沭阳县志.南京：江苏科学技术出版社，1997.

大草原上小红花　舍身护驼为大家

——记优秀少先队员努尔古丽

努尔古丽是新时期新疆木垒的一位女英雄，1965年出身于新疆一个哈萨克族家庭，曾就读于哈萨克自治县大石头公社大石头大队流动小学。1979年4月10日，她为了保护集体的骆驼群，在暴风雪中坚守岗位，最后被冻死。牺牲后，共青团中央授予她“优秀少先队员”称号。

在美丽的新疆哈萨克自治县，有一个大石头公社大石头大队，这里草肥水美，风景宜人。勤劳勇敢的哈萨克人在这片土地上快乐地生活着，像天空自由翱翔的雄鹰。努尔古丽就出生在这片广袤的土地，生活在这片美丽的草原上。

努尔古丽虽然是一个女孩，但她非常喜欢骑马放牧。努尔古丽的父母比较忙的时候，也会叫她帮忙放牧羊、牛、马等牲畜。在跟随大人放牧的过程中，努尔古丽有时很好奇，在她看来，那块草地的青草明明很茂盛，为什么大人们随便下来走走、看看，就把牲畜赶到别的地方放牧。大人们就告诉她：“这片草地有不少毒草，牲畜吃了，有的会生病，严重的会病死。”努尔古丽一边放牧，一边跟着大人们学，很快就学会了辨认草原上的许多种牧草和毒草。当她看到大人们给生病的牲畜打针和用药时，她也会站在旁边仔细观察，不懂时就问，很快就学到了许多畜牧知识。

随着努尔古丽不断长大，大队的牲畜也逐渐增加。懂事的努尔古丽每次放学做完作业后，都会主动到队里帮忙，给牲畜割草添料。每次队里开会，队长都会夸努尔古丽是一个懂事的孩子。

努尔古丽在放牧的同时，学习也很勤奋。学校里，她经常第一个到，拿着课本大声朗读课文，还积极主动地帮助班里的学习后进生，下课后，主动帮助老师擦黑板。在老师眼里，努尔古丽既聪明伶俐，又遵守纪律；在同学眼里，她是个助人为乐的好伙伴，也是学习上的好榜样。上学期间，努尔古丽经常被评为“优秀少先队员”，多次被评为“三好学生”。

努尔古丽热爱中国共产党，从小就经常听队里的老战士张大爷讲抗日战争时期战斗英雄的故事，特别喜欢听刘胡兰的故事。在她的书包里，珍藏着一本刘胡兰的画册和一套战斗英雄故事集。在课余时间，她经常把这些书拿出来翻看，书里的每个英雄故事她都非常熟悉。她在学校学会了唱《学习雷锋好榜样》，还是当地第一个学会用哈萨克语唱这首歌曲的人。

1979 年 4 月 10 日清晨，阳光明媚，晴空万里。这天，队里要把骆驼转到 50 里外的新草场——阿克达拉草场放牧。努尔古丽一家起得特别早，她的父母早早就赶到队里了。为了赶时间，努尔古丽和弟弟急忙吃了两口饭，就一起上路了，同行的还有他们的小伙伴哈斯木。

队里的骆驼群出发时，努尔古丽、弟弟叶尔江和哈斯木三人在一起，跟随着运送毡房用具的骆驼走着。一路上，他们有说有笑，不知不觉就到了中午。中午12点时，突然刮起了大风，乌云翻滚，接着倾盆大雨从天而降，气温急剧下降。不一会儿，就下起了冰雹和大雪。走在前面的努尔古丽发觉弟弟叶尔江赶着骆驼还没赶上来，就对爸爸妈妈说了一声。由于风太大，她的爸爸妈妈没听见，但努尔古丽还是调转骆驼往回找。

风很大，雪又紧，朦朦胧胧，几乎睁不开眼的弟弟看不清方向，赶着骆驼离开了大队伍。努尔古丽在狂风暴雪中苦苦找了两个多小时，才找到了骆驼群。除了弟弟赶的83峰外，还有哈斯木赶的64峰，骆驼在冰雹的袭击下四处狂奔。两个孩子从来没见过这么糟糕的天气，都吓得要哭出来了。努尔古丽看着这么乱糟糟的场面，却显得非常冷静。她帮助他们把骆驼群赶到去阿克达拉方向的路上。在三个孩子的努力下，这些骆驼逐渐被赶到了路上。可是没走多远，就有5峰幼驼朝相反的方向跑去。努尔古丽立即追了上去，用绳子一峰一峰地把幼驼拉到了队伍中。

不久，狂风越刮越猛，暴雪越下越大，骆驼群走得越来越慢，三个孩子冻得浑身直打哆嗦。努尔古丽觉得应该通知大人来接应他们，她就挑了一峰熟悉道路的骆驼给弟弟，对他说："你快回队里去报信，这样的大风雪，没有大人来接，咱们很难把骆驼赶到新草场，骆驼现在很危险。"

哈斯木伏在驼背上望着努尔古丽，打着冷颤说："你穿得这么少，会冻坏的，你和叶尔江一起回去吧，我在这里看着骆驼。"

努尔古丽不同意，说："我不能走，还是我在这里看着骆驼吧。我在骆驼在，不然，我活着也没脸见人！"

两人争执不下，最终还是弟弟叶尔江骑上骆驼顺着风走了。这时，风愈刮愈猛烈，气温也降到零下二十度以下。有3峰刚出生几天的驼羔受不了这么寒冷的天气，眼看就要被冻死了。怎么办呢？努尔古丽自己虽然冻得满脸通红，但还是从自己骑的骆驼背上取下毡片、褥子，包在其中的两峰驼羔身上，又把另一峰驼羔搂在怀里取暖。随后，她又脱下自己身上穿的罩衫，把它紧紧地裹在驼羔身上。过了好一会儿，这些驼羔终于缓了过来。哈斯木看到此情景，对着努尔古丽大喊："赶快把罩衫穿回去，否则你会冻坏的。"

"没关系，救骆驼要紧。"努尔古丽回答道。

看着狂风暴雪和冰雹还没有停下来的样子，努尔古丽和哈斯木又费了好大的劲，顶着暴风雪，把这群骆驼赶到附近一个背风的地方。努尔古丽先吆喝着一峰大骆驼卧倒，再让别的骆驼依次卧下。这些骆驼屁股朝着狂风刮来的方向，16峰驼羔分别藏在各自母驼的脖子下面。

持续了七八个小时的暴风雪仍在肆虐，天也快黑了。守在驼群里的两个孩子就商量着接下来该怎么办。

哈斯木说："天这么冷，又这么黑，大人要是找不到咱们，骆驼会冻死的。不如让骆驼在这儿卧着，咱们去接一接你弟弟他们吧。"

"干部没有来，我们不能离开驼群。"努尔古丽说。

"骆驼已经顺风跑了这么远，大人们也很难找到我们。如果我们不去接他们，这些骆驼也有危险啊。"哈斯木说。

努尔古丽觉得有道理，就同意了。

努尔古丽和哈斯木各自骑上了骆驼，哈斯木走在前面，手里牵着努尔古丽那峰骆驼的缰绳，迎着风雪出发了。他们俩一边走一边互相呼唤。起初，哈斯木还能听到努尔古丽的应声。过了一会儿，哈斯木再次叫道："努尔古丽。"可是没人回应了。这下他慌了，回头一望，努尔古丽已经不在驼背上了。他马上往回走，一边走一边喊，嗓子都喊哑了，可是仍不见努尔古丽的踪影。

大人们跟着努尔古丽的弟弟叶尔江在风雪中从黑夜找到黎明，可是仍然找不到两个孩子的踪影。第二天下午1点半左右，大队总支部书记哈布力哈吉突然发现前面的雪地上有块红艳艳的东西，忙扑过去一看，原来是条红领巾。

"快过来，快过来。"哈布力哈吉大声朝后面的人呼喊。公社干部、生产队队长都赶了过来，他们连忙扒开雪层，努尔古丽僵硬的身体露了出来，她右胳膊下还夹着放牧的鞭子。

为了保护集体财产，努尔古丽牺牲了。就在离她牺牲不远的地方，安卧着147峰骆驼，一峰不少。旁边，还印着她的球鞋印。从这些影影绰绰的鞋印可以看出，当努尔古丽和哈斯木走散后，她又独自返回驼群，一峰一峰地查点了一遍，由于饥寒过度才倒下了。

努尔古丽，哈萨克语的意思是"灿烂而美丽的花朵"。这朵英雄之花虽然在暴风雪中凋零了，但是她的精神如同天山上永不凋谢的雪莲，永远冰清而纯洁！

参考文献：

1. 共青团中央少先队工作委员会，四川少年儿童出版社. 中国现代少年英雄传：韩余娟、孙玉芳、努尔古丽. 成都：四川少年儿童出版社，1985.

2. 于金兰、徐鹤等. 努尔古丽. 沈阳:辽宁少年儿童出版社,1991.
3. 胡建中. 少先队的骄傲. 北京:中国少年儿童出版社,1994.

无私奉献“活雷锋” 舍己为人“小红花”

——记“永不凋谢的小红花”韩余娟

韩余娟是江苏省宿迁县塘湖中心小学三年级的学生，少先队员，1971年出身于塘湖乡庵圩村一个农民家庭。她乐于助人，从1981年起，就坚持不懈地服侍“五保”老人傅奶奶。1983年8月14日夜，因多日连降暴雨，房屋倒塌，韩余娟为了保护傅奶奶，身负重伤，经抢救无效，献出了自己年幼的生命，牺牲时年仅12岁。

1971年9月的一天，庵圩村一户姓韩的人家生下了一个丫头，取名韩余娟。纯朴敦厚的家风使得韩余娟从小就养成了勤劳、善良、温和的性格。

由于家庭经济条件差，韩余娟10岁才上小学一年级。在班级里，她是年纪最大的一个。在入学那天，当其他孩子穿着新衣裳、背着新书包进学校的时候，她还穿着姐姐的旧褂子和哥哥的旧胶鞋。爸爸带她到集市买文具，她就挑价钱最便宜的买。因为她知道，家里条件不好，能供她上学已经很不容易了。在家里，她是最小的孩子，可她一点也不娇惯自己，每天放学以后就回家割草喂猪、刷锅洗碗，替家里做一些力所能及的活。韩余娟平时学习刻苦，遵守纪律，尊敬师长，团结同学。

第一个学期，她就戴上了鲜艳的红领巾，光荣地加入了中国少年先锋队。

随着年龄的增长和知识的增加，小余娟的思想觉悟也逐步提高。她非常喜欢听雷锋的故事，并暗下决心向雷锋叔叔学习，做一个乐于助人的人。此后，无论在校内还是在校外，她做好事从不留姓名。同学生病了，她会去看望，并帮助同学补习功课；在路上捡到钱，她会主动交给老师。在学习上，她对自己要求很严格，从一年级到二年级，每学期她都被评为“三好学生”，老师在给她的评语上写着：“学习刻苦踏实，热情帮助同学……”

韩余娟的父亲韩庆福是一名伤残军人。复员后，他将解放军的优秀传统带回了老家，主动承担起赡养生产队里的“五保”老人傅奶奶的责任，常年为老人挑水、送饭、买药，送老人看病，逢年过节把老人接到家中团聚，侍奉老人似亲生母亲。正是这位平凡而朴实的父亲，把中华民族的传统美德化为滴滴甘露，浇灌在小余娟幼小的心田上。小余娟把父亲的一言一行看在眼里、记在心上，以父亲为榜样，继承了我们中华民族的这些传统美德，并且表现在具体行动上——乐于帮助和照料孤寡老人。随着年龄的增长，小余娟逐步从父亲手中接过了服侍傅奶奶的重担。每天放学后，小余娟便帮傅奶奶背柴、担水、洗衣、做饭，有时怕傅奶奶寂寞，她就跟傅奶奶说说话，讲讲学校的事情，晚上还跟傅奶奶睡在一起。有时候，为了逗傅奶奶开心，她还给傅奶奶唱歌：

“党爱我，
我爱她，
我们从小就听党的话。

党的温暖像太阳，
党的关怀像妈妈。
啦啦啦啦，
啦啦啦啦，
我是党的一朵小红花。”

傅奶奶每次听了都笑得合不拢嘴，夸小余娟歌唱得好听。傅奶奶年纪大了，筋骨不活络了，小余娟还经常帮她捶背搓腿。

有一天，学校放假了，小余娟唱着歌，一蹦一跳地来到傅奶奶家。刚一进门，她就闻到一股难闻的气味，于是急忙跑到傅奶奶跟前，一看，原来傅奶奶行动不便，刚才大小便失禁了。

小余娟心里难受极了，没有亲人在身边的傅奶奶多可怜呀！

小余娟急忙找来盆子、毛巾，倒上热水，给傅奶奶擦洗身子。为了将傅奶奶的身子擦干净，她将傅奶奶的腿放在自己的肩上，然后小心地擦洗。看着小余娟不怕脏、不怕累地给自己擦身子，傅奶奶感动得热泪盈眶。

还有一次，邻居看见小余娟在池塘边帮傅奶奶洗衣服，不禁好奇地问道：“小余娟呀，傅奶奶是你的亲戚吗？你对她可真好呀！”

小余娟挥一挥衣袖，擦了一下脸上的汗水，面带微笑地回答道：“她不是我家的亲戚，可是我们的关系比亲戚还亲呢。”

“既然不是亲戚，那你还这样照顾她，有什么好处吗？”邻居继续问道。

“我照顾她是因为傅奶奶无依无靠，她太可怜了，我不求什么好处，只希望傅奶奶能安度晚年。”小余娟一本正经地说。

看着小余娟洗得那么认真,邻居的脸红了。

1983 年夏,一场几十年罕见的大暴雨袭击了苏北大平原,狂风裹着暴雨五天五夜没有停歇。地势低洼的塘湖乡处在一片汪洋之中。傅奶奶家的房子由于年久失修,禁不住倾盆大雨的浸泡,倒塌了。当时村里干部正忙着生产自救,便将老人临时安排到村前的集体仓库里住。小余娟怕老奶奶寂寞,仍然来仓库陪伴她。

8 月 14 日深夜,气候骤变,乌云翻滚,狂风嘶鸣。小余娟被一阵阵奇怪的声音惊醒了。她起来点着灯,往上一看,只见屋上水泥檩条已经断裂,正在"咯吱咯吱"地往下弯,整个房顶摇晃着往下塌。那根断裂下沉的檩条正对着她们呢!跑是来得及的,可傅奶奶怎么办?就在这生死攸关的一瞬间,"傅奶奶!快……"小余娟大喊一声,用尽全身力气,将刚刚站起来的傅奶奶向门口推去,时间没有允许小余娟收回手脚,几乎就在同一时间,"轰"的一声,大仓库的房顶砸了下来。老人得救了,小余娟自己却被水泥檩条砸中,倒在了血泊之中。

一声巨响,惊动了村里的人们,大伙纷纷赶来。乡亲们以最快的速度清除杂物,全力抢救出小余娟。只见她的小腹被那根断裂的檩条压了一个洞,右手被截掉两个指头,右大腿撕下巴掌大的一块肉牵拉着,全身血肉模糊。闻讯赶来的小余娟父母见到此景,痛哭失声,乡亲们也都个个泣不成声。村民们迅速将水泥檩条从小余娟身上抬了起来,连夜将她送往附近的医院抢救。傅奶奶让人背着她到医院哭泣着求医生:"是娟子推了我一把啊!娟子是为我才砸伤的……要不是娟子,俺这把老骨头早就被砸死了,你们一定要救活她呀!她不能死，她还小呀！天啊，你让我去，换回小娟吧！”在场的医生尽全力抢救，但由于条件有限，乡卫生院作了急救处理，连夜将小余娟送到县医院。

15日凌晨两点，县医院组织专家给小余娟做了清创缝合手术。小余娟连续三天都处于昏迷状态，第四天，她从昏迷中醒来，微睁双眼，嘴唇颤动着问：“傅奶奶她怎么样了……”守在身旁的妈妈含着泪告诉她：“娟子，你放心，傅奶奶没伤着，不碍事。”小余娟听后嘴角动了动，掠过一丝宽慰的笑意，不一会儿又昏过去了。

9月2日，小余娟已奄奄一息，妈妈抓住女儿的手泣不成声地说：“娟啊，我的好孩子，你要什么、吃什么只管说，妈给你买、给你做。”小余娟用微弱的声音说：“妈，不哭，俺不会死。我什么都不想要，只想要一朵小红花。”

不久，这个舍己救人的小英雄头戴着小红花、嘴角露着微笑辞别了亲人，永远离开了人世。

韩余娟，多么好的一个女孩呀，仅仅活了12岁。

12岁，正是充满梦幻和欢乐的年龄。小英雄韩余娟却在这样的金色年华里，助人为乐、舍己救人，作出了令人钦佩的壮举，用坚实的脚步走完了她的人生旅程。她生前最喜欢唱的歌就是《我是党的小红花》，她留下的遗物只有一本《新华字典》、一个文具盒、一个小书包和两张“三好学生”证书，但她的精神是永存的。

韩余娟牺牲后，为了表彰她的英雄事迹和崇高精神，激励千千万万少先队员像她那样学习、生活、成长，父老乡亲含着泪水在小英雄牺牲的地方建造了“韩余娟陵园”，中央、省、市、县各级团委相继授予她“优秀少先队员”“三好学生标兵”

“英雄少年”和“舍己救人小英雄”的光荣称号。中华人民共和国民政部追认韩余娟为革命烈士。李先念同志题词：“向少年英雄韩余娟学习。”张爱萍将军题词：“韩余娟是一朵永不凋谢的小红花。”

韩余娟以她短暂的金色年华谱写了一曲共产主义的奉献之歌，她的英雄事迹催人奋进、感人至深，永远激励、鼓舞着成千上万的少年儿童茁壮成长。在小英雄牺牲的地方，在江苏其他城市，在全国各地，学习小英雄的热潮蓬勃兴起，一个个以“韩余娟”命名的“韩余娟学习小组”“韩余娟中队”如雨后春笋破土而出。一朵永不凋谢的小红花在春天里盛开，一花引来万花开！

参考文献：

1. 山草. 党的一朵小红花——韩余娟. 北京：中国少年儿童出版社，1984.
2. 共青团中央少先队工作委员会，四川少年儿童出版社. 中国现代少年英雄传：韩余娟、孙玉芳、努尔古丽. 成都：四川少年儿童出版社，1985.
3. 共青团江苏省委员会. 舍己为人小英雄韩余娟. 南京：江苏少年儿童出版社，1984.
4. 丁纯一，钱生发. 韩余娟（革命英雄谱）. 广州：广东新世纪出版社，1986.

下篇

群力谱新章

中国首代红领巾　智勇超群意志坚

——记罗志群、邓金娣

罗志群，女，1908 年出身于广东番禺的一个海员工人家庭。邓金娣，女，1909 年出身于广东高要一个水上居民家庭，父母早逝，家境贫寒。1925 年冬，罗志群、邓金娣都加入了省港罢工委员会下属的劳动儿童团。1925 年底，两人一同加入了中国共青团。由于工作出色，罗志群、邓金娣和另外两名女青年在当时被合称为“四大天王”。在 1927 年 4 月的白色恐怖中，两人与党组织失散，后在散发传单时不幸被反动派抓捕，在狱中宁死不屈，后于同年 4 月 23 日一同高呼着“中国共产党万岁”的口号英勇就义。

罗志群，1908 年出身于广东番禺的普通海员工人家庭。大哥罗福是一个海员，在 1925 年 6 月著名的省港大罢工中加入了中国共产党，同时也是海员工会办事处的职员兼工人代表，后被组织派去帮助开展农民革命运动。二哥罗基是一名共青团员，是海员工会宣传队“宣传养成所”的第一届毕业生。妹妹罗细妹，于 1926 年加入中国共青团。罗志群可以说生活在一个革命氛围非常浓厚的家庭之中，潜移默化地受着兄长们革命思想的熏陶，同时在爸爸生前好友方叔叔的教导之下，渐渐懂得了中国要想民族独立，劳动人民要想当家做主，就必须打倒列强、除军阀的道理。

邓金娣，1909 年出身于广东高要的一个普通水上居民家庭。邓金娣的父母去世得早，留下她和祖母、弟弟相依为命，生活上除了依靠在艇上干活的叔叔伯伯们的帮助之外，主要依靠她自己在码头当童工帮人缝补麻袋赚取的一点微薄的工资，生活得非常地艰苦。别人都叫她“麻包女”。

后来，罗志群和邓金娣在共同的战斗和学习生活中结下了深厚的革命友谊。

1925 年，她们由方叔叔介绍，进入了工人子弟学校读书。在这年的省港大罢工中，她们俩都加入了省港罢工委员会领导的“劳动童子团”。担任共青团广东区委书记的杨善集还为这个“劳动童子团”写了团歌，叫做《巴拉半之歌》（巴拉半是俄语中“铜鼓”的意思）：

“围着红领巾，
敲着巴拉半，
一！二！三！
敲响些，巴拉半！
一！二！三！
敲响些，巴拉半！
莫斯科童子军的铜鼓声，
莫斯科童子军的歌唱声，
吹过了海参崴，
吹到了广州城。
他们名叫童子军，

大家都是新世界的主人。

他们唱：

我们预备好了，

我们永远预备好了。

我们是老农的婴儿，

我们是将来的花，

我们是新世界的主人！

……"

"劳动童子团"的孩子们除了在学校里认真读书之外，还抽空给工人家属读报纸、讲革命故事，在食堂帮助打扫卫生，到街上组织募捐，支援罢工工人，到车船上去推销共产党创办的革命报刊《向导》《新青年》《政治周刊》等。工人委员会还给他们制作了制服。孩子们在示威游行的时候穿着白衬衫、蓝短裤，雄赳赳、气昂昂地走在整齐的队伍里。在他们的衬衣上还有"准备"两个夺目的红字，他们是党领导的光荣的第一代红领巾！

1925 年底，罗志群和邓金娣加入了中国共青团，光荣地成为了中国共产党领导下的共青团员。

1926 年 7 月，共产党和国民党合作北伐。罗志群和邓金娣又投入到了宣传和示威游行的活动中，以各种形式的宣传方式到工人宿舍、码头、街道上向群众宣传"打倒列强除军阀"和"北伐必胜"的道理，起到了鼓舞人心的作用，为支援北伐作出了力所能及的贡献。

天有不测风云。一天晚上，罗志群回到宿舍，发现方叔叔正在等她。方叔叔告诉她，她大哥罗福因为到农村进行宣传工作，被当地的反动地主武装杀害了。方叔叔还把罗福留下的一副绑腿留给了罗志群。罗志群听到这个消息心如刀绞，和邓金娣抱头痛哭。但这并没有削弱她的革命斗志，她反而更加地相信革命，她发誓要像哥哥一样为革命奋斗到最后一刻！她说："我一定会像哥哥那样跟共产党走到底，革命一定会胜利的！"

邓金娣的祖母看到自己的孙女抛头露面地出去宣传，害怕孙女遭到迫害，于是叫邓金娣的弟弟去劝她回来，如果劝不动就硬拉她回来。可是邓金娣对弟弟说："我出来是为了革命，是为了不像咱们以前一样给人家做奴隶！我绝对不会回去的！"邓金娣用革命的道理说服了弟弟，家里人再也不阻挠她革命了。

海员工人联合会的劳动童子团成立之后，其他工会和农会的劳动童子团也纷纷成立。各个童子团的团员团结起来，严格要求自己，积极参加各种活动。罗志群、邓金娣和另外两名女青年周秀珠、陈淑英因为工作积极出色，当时被誉为"四大天王"，成为劳动童子团的小领袖。

1926年9月29日对于孩子们来说是一个特别难忘的日子。这天，在广州的可以容纳很多观众的太平戏院里举行了广东劳动童子团联合会的成立大会，这是各劳动童子团联合起来组成的联合会，省港大罢工的领导人苏兆征同志还亲自主持了这次典礼。几个童子团的团员举着一块红纸包着的木牌来到了台上，揭开红纸，上面是"劳动童子团联合会"几个金光闪闪的大字！顿时戏院里爆发出雷鸣般的掌声，经久不息。

此后，省港罢工委员会为了更好地培养和训练劳动童子团的小领袖，举办了一个“领袖班”，专门培养那些有潜力的小领袖，罗志群和邓金娣也进入了领袖班进行学习。她们俩认真学习政治知识和军事技术，参加操练，学习摸营、守营、救助伤员、射击、捉奸细等。一个月的学习和集体操练，进一步增强了她们的工作能力和革命热情。

1926年10月，省港罢工委员会根据形势转变了策略，进而实行结束罢工的新政策。罗志群、邓金娣两人根据组织的指示，挨家挨户地宣传党的指示，不厌其烦地解释，做好了稳定群众的工作。

罗志群和邓金娣一起做了许多工作，为革命作出了许多贡献，革命形势一片大好。可是陡然间风云突变！1927年4月12日，以蒋介石为首的国民党右派叛变革命，发动了“四一二”反革命政变，大肆搜捕、屠杀和迫害共产党员、共青团员和进步群众。广州城顿时笼罩在一片白色恐怖的阴影之下，形势非常严峻，很多同志都牺牲了。

中共广东区委召开紧急会议，制定了反抗反动势力大屠杀的政策，决定让组织的活动转入地下进行。于是罗志群、邓金娣与其他许多共青团员和共产党员一样，跟组织失去了联系，她们每天都在街上寻找着熟悉的同志。一天，她们在街上碰到了之前的书记邓蓉，邓金娣刚想上前打招呼，邓蓉把头一扭，装作不认识的样子。邓金娣正感到纳闷，被罗志群急忙拦住了，她告诉邓金娣：“我看到邓书记的脖子上流血了，前后肯定有暗探在跟着，他是在保护我们啊！”邓金娣难过地流泪了，说：“同志们为了我们不惜牺牲自己的生命，难道我们就该贪生怕死吗？”

在艰难的环境中，罗志群、邓金娣还坚持进行宣传工作。

她们装作学生的模样，提着竹篮，到街上秘密地散发传单，多次成功地宣传了党的革命意旨。尽管两人的行动都很隐秘，可是有一天她们在广州市中心散发传单的时候还是不幸被敌人发现了。

敌人为了逼罗志群和邓金娣说出党的秘密，并没有因为她们是两个女孩子就手软。他们用尽了严刑酷法：把她们吊起来打，用皮鞭抽。他们还想出各种惨无人道的方法来折磨两人：敌人先把邓金娣吊起来抽打，让罗志群在旁边看。罗志群看得心如刀绞，可是无可奈何。接着，敌人又把罗志群吊起来拷打，让邓金娣在旁边看。她们被折磨得全身鲜血淋漓，不成人样，可是坚强的姐妹俩并没有屈服，仍守口如瓶。

反动派从罗志群和邓金娣的口中问不出任何党的秘密，于是决定对她们下毒手。1927 年 4 月 23 日，国民党广州戒严司令钱大钧，借“散发传单、蛊惑民众、谋危政府”的罪名，下令判处罗志群、邓金娣两人死刑，并立即执行枪决。

在押赴刑场的路上，罗志群和邓金娣始终没有忘记自己的使命，她们俩在囚车上昂首挺胸，把撕下的红毯一角拿在手中当做红旗，口中高呼：“打倒帝国主义！”“打倒帝国主义走狗国民党反动派！”“中国共产党万岁！”

到达刑场之后，敌人的枪口瞄准了她们，可是罗志群和邓金娣依然面不改色，高呼“中国共产党万岁”。枪声响了，英勇的罗志群和邓金娣倒在了血泊之中，为革命、为中华民族献出了自己年轻的生命。当时，罗志群仅 19 岁，邓金娣仅 18 岁。

新中国成立以后，罗志群和邓金娣被中国共青团中央授予了“全国十大少年英雄”的称号。如今，她们的时代已经远去，可是她们的事迹将永被传唱，她们的精神将永垂不朽！我们永远都不应该忘记为了中华民族抛头颅、洒热血的英雄们！

参考文献：

1. 中国共产主义青年团的过去与现在//中国共产主义青年团中央委员会办公厅. 中国青年运动历史资料（内部资料）：第四册，1957.
2. 共青团中央少先队工作委员会，四川少年儿童出版社. 中国现代少年英雄传：罗志群、邓金娣. 成都：四川少年儿童出版社，1985.
3. 傅忠道，杨坚康. 共青团基础知识1000问. 北京：中国青年出版社，2003.
4. 王苗芝. 青少年百科全书：文史知识：第十二册. 延边：延边人民出版社，2006.

石上清泉流万代　湾前乔木秀千年

——记英雄姐妹花李洁、李广

李洁，1912年出生，家名李淑媛；李广，1914年出生，家名李淑莲。李洁、李广两姐妹小小年纪便积极投身到革命的浪潮中，先后加入了中国共产主义青年团。在担任衡山县地下交通员期间，姐妹俩机警巧妙地与敌人周旋，配合密切，机智勇敢，为组织立下了不少功劳，被同志们亲切地称为“红色小交通”。1928年双双牺牲时，姐姐李洁仅16岁，妹妹李广仅14岁。

李洁、李广这对姐妹生于湖南省衡山县(今衡东县)。上有大姐李淑贞、二哥李果，父亲李待荣在衡山县开了一家银器店，家里的生活水平在当时算得上是小康。

1920年，李洁、李广进入衡山县立女子高等小学校学习。在那里，她们受到了新思想、新文化的启蒙教育。

1925年，她们所在的石湾镇秘密办起了农民协会，姐妹俩的叔叔李芳桂是农会的委员长。姐妹俩假期回到老家时，常常听叔叔谈起革命的事情，懂得了农民只有团结起来、在中国共产党的领导之下斗倒了地主，才能翻身做主人、过上好日子。

此时正是中国由旧民主主义革命向新民主主义革命转变的时期，而湖南则是各种民主、进步和革命思潮广泛传播的地方，农民运动在北伐战争大潮的影响下不断高涨。由此姐妹俩受到了革命思想的熏陶，幼小的心灵里播下了革命和希望的种子。

1926 年 7 月，北伐的军队打到湖南，革命形势呈现一片高涨的局面。农民协会公开活动，村里还成立了儿童团。李洁、李广两姐妹积极投身到革命的浪潮中，加入了儿童团，姐姐李洁还被推举为儿童团团长，妹妹李广为副团长。利用学校休息时间，姐妹俩积极带领儿童团到处站岗放哨、游行示威，在反对土豪劣绅和促进农民运动的过程中发挥了重要作用。姐妹俩也在亲身参与革命的实践中不断成长起来，革命思想更加坚定，并先后加入了中国共产主义青年团。

1927 年春，因考察湖南衡山的农民运动，毛泽东来到衡山。两姐妹在哥哥李果的带领下，见到了毛泽东。毛泽东看到她们后，亲切地拍拍她们的肩膀说："你们是好样的，希望儿童团今后在你们的带领下能为革命发挥更大的作用！"在毛泽东的鼓励下，姐妹俩非常地激动和开心，革命的热情也更加高涨。

1927 年 4 月，由于以蒋介石、汪精卫为首的反革命分子叛变革命，北伐战争遭遇极大的挫折。5 月 21 日，汪精卫发动"马日事变"，叫嚣着"宁可错杀千人，不可使一人漏网"，要把共产党员和革命群众一网打尽，湖南的反革命分子活动也更加猖獗。李洁、李广所在的学校不得不停课，湖南的地下党也撤到了安全的地方。由于李洁、李广年纪小，不容易被反革命分子怀疑，因此党组织安排她们留下以便为革命做力所能及的事情。

姐妹俩非常地机智勇敢。有一次，她们手拉手走在小巷子里，发现反动军警在追赶一个党组织的同志。为了帮助这名同志逃离追捕，妹妹对姐姐使了个眼色说："我们往相反的方向跑！"姐姐心领神会。

不一会儿，反动军警追到了姐妹俩，发现是两个小孩，于是气急败坏地问："你们跑什么跑？"

妹妹拿出一枚银元机智地回答："是刚才那个人给我们的，叫我们往这边跑。"

军警凶神恶煞地问："他往哪边跑了？"妹妹随便指了个方向。反动军警凶狠地把姐妹俩推倒在地，转身继续去追了。姐妹俩看到敌人上了当，开心地相视一笑。

国民党反动派占领衡山县以后，姐妹俩听到消息说在农民协会担任委员长的叔叔被反动派抓了，各地的革命者都被押往县城，反动派天天在县南的马王庙坪刑场杀人。姐妹俩虽然非常难过，但是她们被革命者们宁死不屈的精神激励了。她们认识到，革命是要面临流血牺牲的，只有不惧怕流血牺牲，革命最终才有成功的希望！

在反革命分子制造的白色恐怖下，湖南省衡山县的地下党组织遭到了破坏。地下党的秘密工作不能正常地进行，因此有必要建立一个新的地下交通站，以便继续顺利地开展斗争。为了建立地下交通站，必须选择具有机智、勇敢、忠诚等优秀品质的同志作为地下交通员。党组织思来想去，想到了李洁、李广。姐妹俩出身于革命家庭，从小深受革命进步思想的熏陶，灵活机智，年纪小不容易被注意，再加上姐妹俩领导的儿童团为革命作出了不少贡献，给组织留下了深刻的印象。

这天晚上，姐妹俩在家里看书，忽然响起了"咚咚咚"的敲门声。姐妹俩想，这么晚了，会是谁呢？她们打开门，原来是衡山县的党委书记向钧。向书记向姐妹俩传达了党组织的决定，最后还慎重地叮嘱姐妹俩："任何时候都不能透露党组织的任何事情，你们的口关系到我们许多同志的生命安危啊，这一点一定要切记！"姐妹俩激动地点头，她们坚定地说道："我们一定不会辜负党组织对我们的期望的！"

从此，姐妹俩成为衡山县地下党组织的秘密交通员，父亲所在的银器店成为秘密交通站，姐妹俩代号为"李清明"。

姐妹俩为了掩饰身份，有时会装扮成一个大小姐和一个小丫鬟的样子。人们看到的是一个穿着漂亮整齐的大小姐和一个赤着脚、手提重物的小丫头走在一起，这样反动派便很难怀疑到她们俩。

有的时候，为了携带信件并通过敌人的关卡检查，她们中的一个便在腿上绑上绷带，再滴上几滴鸭血，假装腿脚受伤，同时把重要的信件藏在绷带里。这样就能顺利地通过敌人的检查。

还有一次，为了掩护两位同志过江，妹妹化装成重病患者，躺在担架上，这两位同志负责抬担架，姐姐则在旁照顾妹妹。通过关卡的时候，敌人要检查，但看到担架上躺着的病人嘴唇发黑、面色无光、病情非常严重的样子，于是就草草了事，放过了她们。就这样，她们掩护党组织的同志顺利地过了江。

在担任地下交通员时期，姐妹俩机警巧妙地与敌人周旋，配合密切，机智勇敢，为组织立下了不少功劳，被同志们亲切地称为"红色小交通"。

可是不幸的事情降临了。党组织的一个名叫林英的成员被敌人抓住,因忍受不了严刑拷打,最终叛变,向敌人透露了许多党组织的情况,其中就提到了李洁、李广姐妹俩。敌人知道了李洁、李广是衡山县的地下交通员,但是长什么样子、住什么地方都不知道。为了抓住她们,敌人开展了严密的盘查。在一次姐妹俩与党组织人员接头的时候,敌人连信带人抓住了她们。

被捕后的姐妹俩被押送到衡山县的团防局,但是她们死也不承认自己是地下交通员。于是团防局局长康庆万叫来了林英与她们对质。

林英指认了她们:“她们就是李洁、李广!”

康庆万对她们说:“这下该承认了吧!”

姐妹俩勇敢地说:“我们就是共产党,你们有本事杀了我们!”

康庆万说:“想死,可没那么容易。乖乖地交代你们知道的地下党员的名单和住处,我就放了你们。”

姐妹俩严词拒绝道:“我们什么都不知道,要杀要剐随便你!”

于是,残忍的敌人开始了对姐妹俩的严刑拷打。

她们俩被绑在柱子上用皮鞭、棍子拷打,第一天就被打得遍体鳞伤,晕了过去。敌人又用凉水泼醒她们,继续严刑拷打。

用过了硬招,敌人又用软招。他们让李洁的老同学、已经叛变了的向云贞来进行劝降。姐妹俩鄙夷地向她“呸呸”吐了两口唾沫。在姐妹俩的坚贞不屈面前,向云贞羞愧地悻悻而回。

敌人又对她们说,谁承认自己是地下交通员就放另一个回去。姐妹俩为了救对方都抢着承认自己是地下交通员。可是后来,她们意识到这是敌人在进行劝降,于是又紧紧地靠在一起,什么都不说。

敌人看姐妹俩软硬不吃,威逼利诱都不奏效,于是穷凶极恶地对姐妹俩进行了更长时间惨无人道的严刑拷打:竹筷夹手指,坐“老虎凳”,灌辣椒水,用烙铁烙,拔指甲,蜡烛烧脚心,竹签钉指头,种种刑罚几乎全都用上了。被施行了70多天的刑罚后,姐妹俩的全身几乎已经没有了完整的皮肤。

可是姐姐李洁始终只是一句话:“你们什么也别想问出来。”妹妹则大骂:“白狗子,你们绝没有好下场!”

敌人看姐妹俩已经完全没有了利用价值,于是打算向姐妹俩下毒手。

这天早上,姐妹俩的母亲来牢房看她们,可是母亲几乎认不出她们的样子了。她们被打得不成人形,全身肌肤溃烂,散发出阵阵恶臭。母亲伤心地哭了。可是姐妹俩坚强地说:“为了革命而死,值得!我们死了,会有更多的人为我们报仇,革命一定会成功!”

姐妹俩相互扶持着走向刑场。正值隆冬,姐妹俩坚强的身影宛如傲雪而立的寒梅。

1928年牺牲时,姐姐李洁仅16岁,妹妹李广仅14岁。

80多年过去了,这对巾帼小英雄的墓如今坐落在湖南省衡东县石湾镇回澜山青石围绕、乔木葱翠的半山腰上。她们的肉体回到了大自然,可是她们的精神将永远铭刻在历史的画卷中。

让我们永远地记住这对为人民翻身、民族解放、共和国建立献身的英雄姐妹花!

参考文献：

1. 湖南省妇女联合会. 湖南妇女英烈志. 长沙：湖南人民出版社，1982.

2. 衡山县县志编纂委员会. 衡山县志. 长沙：岳麓书社，1994.

智勇双全红少年　争当红军小助手

——记赣东北苏区的共产儿童团

赣东北苏区共产儿童团活跃于1927年大革命失败以后至1936年的土地革命战争时期。他们在党团的领导之下，站岗放哨，宣传扩大红军队伍，展开拥军优属活动，推动妇女解放，为革命的胜利做了大量工作，成了红军的小助手。

轰轰烈烈的大革命失败以后，赣东北地区的革命力量受到了很大的摧残。地主、豪绅等国内反革命势力趁机对革命群众进行残酷的报复，党团组织因此转入地下进行秘密活动。

1927年11月，方志敏同志受党的委托，发动和领导了弋阳一带的农民武装起义，创建了赣东北工农红军和赣东北革命根据地，建立了赣东北苏维埃政府。有了党的领导，根据地的革命如火如荼地开展起来。为了巩固苏维埃政权、粉碎敌人的疯狂"围剿"，苏区人民响应党领导的苏维埃政府的号召，为保卫和建设苏区进行了英勇斗争。苏区的广大儿童也不例外，都积极地组织起来，参加党领导的革命斗争。

当时，根据少年共产国际执行委员会的决议和国际儿童局的指示精神，共青团中央在五届三中全会后的1930年12月作出《儿童运动决议》（草案），确定儿童运动的性质是"共产主义儿童运动”，规定在苏区的儿童组织可以统一名称为“共产儿童团”。在苏区，广大儿童都积极参加了共产儿童团。共产儿童团的标志是红领带，口号是“准备着，时时刻刻准备着”，团礼是五指并拢、高举过头，表示革命利益高于一切。共产儿童团的组织按村设小队，按乡设中队，按区设总队。儿童团员们的年龄多在 7 至 14 岁，虽然年纪不大，但他们在那个特殊的战争年代里为革命做的工作可不少。

儿童团最重要的工作就是站岗放哨，每一个儿童团员在站岗放哨时都睁大了眼睛，不让一个敌人溜进来。

狡猾的敌人经常化装到苏区刺探情况。为了严防敌人来苏区搞破坏，每当遇到可疑的路人，儿童团员都会仔细盘查，不给敌人可乘之机。

有一天，弋阳北乡大豪绅黄宗派出 7 个狗腿子到苏区搞反革命破坏活动。当时 12 岁的儿童团员郑子辉正在站岗放哨，发现他们有点可疑，就立即报告了乡赤卫队。乡赤卫队立即派人追查这几个可疑人物，并在儿童团员的配合下，很快抓到了几个潜伏破坏的反革命分子。于是此后，当敌人看到有儿童团员站岗时，就设法躲开。

为了更巧妙地抓获敌人，儿童团员们也经常改换站岗放哨的地点，山顶上、小溪边、村口边……到处都有儿童团员的踪影。他们在站岗放哨的地方做游戏，谁也不知道他们是放哨的，等到路人到了跟前，他们才喊一声“站住”，一起围上去仔细检查。这样，来人要是敌人的侦探，就怎么也走不脱了。

儿童团员们的年龄虽然不大，但他们站岗放哨一点也不马虎，不管是谁，没有路条就不让通过。当时，在儿童团员中流行着这样一首歌：

“站岗同志要认真，

要把路条查分明，

不怕军官（首长）此路过，

父母相见无私情！”

1931年，正当春暖花开之时，方志敏带着警卫员张天喜、苏炳火等人，从葛源出发到外地巡视工作，正好路过弋阳西坑村。由于去年年底时，这个地方的红军都离开了，小小的儿童团就担负起了全村的安全保卫工作。当方志敏等人走到村口时，几个手握红缨枪的儿童团员围住了他们。等方志敏走近了，儿童团员一下子用红缨枪指着方志敏，说：“干什么的？有路条吗？”

“没有路条怎么办？”张天喜问。

一个儿童团员说：“方主席说过，没有路条就不能通过。”

张天喜指着方志敏说道：“你们不知道？他就是方主席呀！”

警觉的儿童团员们由于从未见过方志敏，还是不相信，硬要拉他们到乡苏维埃政府去。直到见着了乡里的干部，他们才知道果真是方志敏。儿童团员们此时心里既激动，又为刚才的不礼貌感到惭愧。没想到方志敏主席却哈哈大笑，当众表扬了他们：“你们很负责，真是好样的。”

孩子们这才放下心来，心里的结解开了。方志敏对小团员们说：“看你们这么认真负责，那今天的党员会议就在你们村召开吧。”儿童团员们一听说方主席要在村里开会，都非常高兴。

回到村里后，方志敏主席亲自召集儿童团召开了一个小小的团员会议。儿童团员们都非常仔细地听，生怕漏了半句。

在开会的同时，他们并没有放松警惕，他们被分成了四个小队，轮流在村前、村后站岗、查哨，一发现情况就马上报告。

到了晚上，乡村干部吃过晚饭后，都赶忙赶往会场。人数到齐后，方志敏主席就宣布会议开始。虽然开会的地点是在一个只有一点灯光的小茅屋里，但屋子里早就被堵得严严实实。不一会儿，有儿童团员进来报告说："有个黑影，从村子里窜出去了。"方主席听到后向他点点头，叫他回去继续巡查，发现情况后再回来报告。

当会议开到一半的时候，第三小队的队员又气喘吁吁地跑进来说："有一伙黑影子，划船往这边来了。"紧接着，第一小队的一个队员，跑进来上气不接下气地大声说："报告主席！有好几艘渔船正往村子这边驶来。"

"方主席，赶快离开吧，我们负责掩护，敌人来了搜查不到也没办法。"儿童团团长焦急地说。方主席看着孩子们惊慌的表情，镇定地说："孩子们，不用怕，我们自己也能打败敌人。"

孩子们都惊讶起来："那可都是拿着枪的啊，我们又没有武器，怎么打呢？"

方主席伏在团长的耳边说："我们有土机关枪啊！"

"啥?！我们有机关枪？哪有啊！"小团长惊得一叫。方主席接着说："谁家还有过年没放完的鞭炮啊？今天咱们就用机关枪把敌人给打下去！"经过方主席一番解释，大家才明白原来这个"土机关枪"就是在煤油箱子里放鞭炮，响声几乎和机关枪声一模一样。

在方主席的亲自指挥下，儿童团英勇地击退了敌人的这次进攻。类似的战功，儿童团员们立下了不止一件。

除了站岗放哨外，儿童团员们还在家乡积极支持和动员乡亲们参加红军，打击敌人，保卫苏区。他们曾经编了这样一首在赣东北苏区较为流行的共产儿童团儿歌：

“哎哟哩！
红军哥哥最光荣，
劳苦工农都钦佩，
法令优待十八条。
同志哥！
家中田地有人耕！”

儿童团员们不仅这样唱，实际上也是这样做的。每到农忙的时候，有的家中因为有人参加了红军，缺乏劳动力，儿童团员们就去帮助军属插秧、割稻、挑水、砍柴、带孩子。

儿童团员们还热情慰劳红军，积极发挥革命少儿组织的作用。当红军路过当地的时候，儿童团员们就排队在路旁热烈地呼喊：“欢迎哥哥、叔叔当红军！”当红军在村里休息的时候，他们还会给红军送去茶水、稀饭、蛋糕和水果，并主动地为红军扫地铺席、安置床铺，让疲劳的红军得到充足的休息。有时候，儿童团员们还到红军驻地和红军联欢；写信给前方的红军，鼓励他们英勇杀敌；鼓励母亲、姐姐、嫂嫂做鞋子慰劳红军。

那时，中国的妇女尤其是农村妇女大都保持着封建社会缠足的陋习。缠足不仅有害于妇女健康，而且妨碍妇女参加生产劳动。儿童团员们就到处宣讲放足的好处，还唱《放足歌》给妇女们听，鼓励妇女放足剪发，解放自己。他们还积极宣传“男女平等”的思想，支持女孩子上学堂，推动了当时妇女解放运动的进一步发展，促进了广大妇女积极投入到革命斗争中去。

儿童团员们除了搞好站岗放哨、动员家人参军、慰劳红军等工作外，为了做好革命的准备工作，许多儿童团员还到“列宁小学”学习文化知识和学唱革命歌曲，积极加入演讲队和新剧团。每逢儿童节和革命纪念日，儿童团都要举行政治测验、识字测验、操练和野外演习以及唱歌、演戏等活动，通过开展各种形式的文艺活动和比赛，宣传革命思想，保卫革命成果。

在党团的领导之下，赣东北苏区的共产儿童团在革命斗争中发挥了积极的作用，成了红军的小助手。他们英勇斗争的精神永远鼓舞着我们不断前进！

参考文献：

1. 方志纯等.赣东北红区的斗争：第一集.南昌：江西人民出版社，1977.
2. 共青团江西省委.江西青年运动史料选编，南昌：江西人民出版社，1987.

披肝沥胆“小神兵” 机智勇敢“旋风队”

——记红军少年先锋队

土地革命战争时期，在陕甘黄土高原上，有一支神出鬼没的少年武装——红军少年先锋队。红军少年先锋队由刘志丹领导的游击队里的一个娃娃班发展而来，他们在党的领导下，跟随红军打土豪、分粮食、闹革命，用鲜血和生命谱写了一曲曲动人的青春之歌，创造了一系列可歌可泣的英雄事迹。

1931年冬，在一个大雪纷纷的日子里，刘志丹带领着一支红军游击队在陕甘交界的桥山中行进。正当队伍走下一座山时，突然，刘志丹发现雪地里躺着两个瘦小的孩子。他急忙跑过去，轻轻地摸了摸他们俩，又趴在一个孩子的胸口仔细听了听，便向后招手说：“还有救，同志们，快来救人！”说着，他脱下身上的羊皮大衣，把一个冻僵了的孩子暖在了怀里。

经过刘志丹和游击队员们的抢救，两个孩子逐渐苏醒了。这时刘志丹来到他们跟前询问了一些情况，这才知道：稍胖点的少年叫王有福，15岁，是地主家的小羊倌；而瘦小一点的少年名叫赵玉杰，是个小乞丐。他们俩因受不了地主的压榨，凭着半张革命的传单，到山里来找游击队。由于山路难行，加上饥寒交迫，他们晕倒在雪地里，幸好碰到了红军游击队路过，不然就要被冻死了。

从此，王有福和赵玉杰就跟着红军游击队活动。后来，红军游击队又收留了十几个穷孩子，他们大都十三四岁年纪，最小的小柱子只有11岁。他们有的是地主家的小猪倌，有的是无家可归的孤儿，还有的是红军战士的子弟。他们都想参加红军游击队，都想跟着队伍打土豪、斗地主，铲除万恶的旧社会。刘志丹、谢子长等人见他们年纪小、体力差，加上游击队经常行军、生活苦，就劝他们回去。但这些孩子就不听，死活要当游击队员。

这天，游击队整顿队伍准备出发时，突然传来一声"立正"的口令。王有福和其他孩子们端端正正地站在队伍的尾部。他们双脚并拢，胸脯挺起，神气十足地注视着前方。这些孩子是铁了心要跟部队走了。

刘志丹觉得这些孩子都能吃苦、胆子大，而且非常机灵。为了让这些孩子尽快地成长起来，刘志丹就和谢子长商量，把他们组成一个娃娃班。

第二天，娃娃班就正式成立了，王有福任班长。游击队还给娃娃班配备了小马枪、梭镖、小木枪等武器。为了更好地对这些孩子进行训练和管理，游击队总指挥部还派来了一个老战士给他们当指导员。指导员每天领着娃娃班操练，让这些孩子努力学习各种作战本领，还教会他们唱歌，说革命小故事，很受孩子们爱戴。

有一天晚上，刘志丹领导的游击队驻扎在艾蒿洼。娃娃班则住在离村两里多路的小窑洞里。晚上孩子们睡得正香的时候，突然一阵枪响把他们吵醒了。王有福一骨碌爬起来，并叫醒小伙伴们，竖起耳朵仔细听远方传来的枪声。枪声好像是从村里传来的，于是大家立即拿起小马枪、梭镖、小木枪、手榴弹等武器，赶忙跑出村，朝西北的一条驴巴梁上爬去，一直爬到高高的石崖上边，发现在崖下不远处的村里，硝烟弥漫，一大群黑压压的敌人正在机枪的掩护下，向村子里进攻。

“班长，游击队的处境十分危险，我们怎么办？”一个孩子焦急地问道。

王有福冷静地看了看周围的地势，忽然发现石崖下边的小沟渠里住着一群敌人。原来这是陕北有名的大土豪张廷之的队伍。王有福立刻命令：“狠狠地打！”接着，子弹、手榴弹、石头块向敌人飞了过去。崖下的敌人全无防备，倒的倒，逃的逃，首尾不能相顾，马上乱成一团。

这时，村子里被围困的游击队趁机冲了下来，把慌乱之中的敌人打跑了。

看着游击队转败为胜，这些孩子们松了一口气。如果不是娃娃班的支援，被围困在村子里的游击队还真的很难突围出来。战斗结束后，游击队员们都夸奖孩子们机智勇敢，人小志气大！

1932年2月22日，中国工农红军陕甘游击支队授旗典礼大会在甘肃省正宁县三泉原举行。会上，游击队总指挥谢子长宣布娃娃班改名为“红军少先队”。刘志丹把一面绣着“中国工农红军陕甘游击支队少年先锋队”的旗帜授给了少先队队长王有福。

红军少先队成立后，队员们跟随红军游击队打土豪、分粮食、宣传革命，还打过几次胜仗。他们渐渐地都成了英勇善战又会做群众工作的优秀战士。

有一次，敌人集结了大股兵力向游击队猛扑过来，为了避免和实力强大的敌人硬碰硬，少先队按照刘志丹的命令撤退隐蔽。他们跑了100多里路，又饥又渴，疲惫不堪。天色渐暗，王有福带领少先队员们到村子里孙老汉的家中休息，大家一坐下，就东倒西歪地“呼噜呼噜”打起鼾来。突然，村里的哨兵气喘吁吁地跑来报告：“敌人包围了村庄！”王有福一跃而起，急忙叫醒队员，准备突围。

这时敌人已经封锁了孙老汉的家，他们用机关枪向土窑里扫射。少先队员们扔出几颗手榴弹，把敌人炸死了一大片，打退了敌人的第一次进攻。

不一会儿，凶狠的敌人从烟囱里扔进了几颗手榴弹，把土炕炸塌了，如果烟囱被炸掉，那可就麻烦了。这时，孙老汉抱来一大卷羊毛毯挡住破烟囱，说：“快，往毯上浇水培土。”队员们找来工具，帮孙老汉保住了这个烟囱。

敌人一看烟囱炸不掉，又往门里冲锋。但队员们一次又一次地阻止了敌人的进攻。可是，队员们的子弹、手榴弹快用完了。他们正准备要和敌人拼死一搏，孙老汉拉住王有福的手说：“不行啊，孩子，那么多的敌人，你们一伙娃娃，怎么冲得出去？我想起一条路。在中窨下边，有个地窨子。窨子里边有两里多长的地道，直通后沟。这是早年跑土匪时打的，你们从这里出去。”说着，老人揭开了窨子口。王有福领着少先队员钻进窨子，离开了被敌人围困的村子。

敌人随后便冲了进来，抓住孙老汉质问道：“刚才那些娃娃都跑到哪里去了？”

孙老汉眼珠一转，说：“我亲眼看见正打得起劲的时候，突然窑洞里刮起一阵旋风，满窑的娃娃都不见了！”

“什么旋风，不要在这里胡说八道。”敌人不相信。

“那是神兵呀，怎么抓得着？你们没有人听说‘先锋队，是旋风，来无影，去无踪’吗？”敌人被说得一愣一愣的，但他们在孙老汉的屋子里什么都没有找到，只好撤了回去。从此以后，红军少年先锋队便被称为“旋风队”，被说成是“神兵”了。

1935年10月，中央红军长征到达陕北。陕北的红十五军团（包括红二十五军、红二十六军、红二十七军）配合中央红军在直罗镇打了个大胜仗。在这次战役中，红军少先队立了奇功，可是，有12名少先队员落入了敌人的魔爪。

敌人把这12位小战士押送到师部审问。一个敌军军官提着明晃晃的马刀，指着小柱子问：“你叫什么名字？”

小柱子理直气壮地说：“我叫红军战士，我叫少年先锋队员！”

敌军军官又追问：“包围我们的红军有多少？快说！”

“我是红军宣传员，打起竹板才能说，你给我竹板。”小柱子说。

敌军军官不懂竹板，只好答应自己用刺刀敲枪筒，叫小柱子说快板。

小柱子说：

“猫头鹰眼，
先别转，
包围你的红军你看不见，
满西北、遍江南，
人数好有几万万。
……”

敌军军官气得发了疯，命令士兵在隔壁房间准备好刑具。

小柱子临危不惧，继续说着快板，其他 11 名少先队员一齐和着他的调子：

“同志们，别难受，
红彤彤的太阳在前头。
站好队，齐步走，
我们少年先锋队，
不怕活埋，不怕杀头，
永远跟着共产党，
向前走呵，向前走！
……”

小柱子的快板还没说完，敌人就割去了他的舌头，可是，小柱子还在唱。

12 位红军少先队员在敌人的威逼利诱下没有一个人投降、变节，没有一个人向敌人透露红军游击队的机密。人们把他们称为“十二位小英雄”。最终他们被敌人凶残地杀害了。

直罗战役后不久，抗日战争爆发了，英勇的红军少先队员们高举红旗，唱着《抗日少年先锋队队歌》，又雄赳赳、气昂昂地奔赴抗日战场，接受新的战斗的考验。

参考文献：

1. 中共陕西省委党史研究室. 刘志丹. 西安：陕西人民出版社，1993.
2. 赵有奇. 土地革命战争时期共青团陕西省委和陕西青年运动. 西安：陕西人民出版社，1992.
3. 刘杰诚. 刘志丹少先队. 北京：中国少年儿童出版社，1962.

白山黑水勇少年　纵横驰骋铁血队

——记少年铁血队

“自古英雄出少年。”在抗日战争时期的东北地区，有一支少年武装队伍英勇地活跃在抗日战争的最前线，完成了许多艰难的任务，为中国的抗日事业作出了许多的贡献，创造了可歌可泣的光荣事迹。这支队伍由杨靖宇将军亲手组建，名叫“少年铁血队”。

1931年9月18日夜间，日本制造了侵略中国的“九一八”事变，进而进攻东北三省(黑龙江、吉林、辽宁)。驻守东北的东北军执行了蒋介石的“不抵抗命令”，任日本侵略军在不到4个月的时间内占领了中国的东北三省。

虽然东三省在中国东北军停止抵抗的情况下被日军占领了，但是其间不愿撤走的东北军、东北人民和中共领导的抗日义勇军在抵抗日军侵略的过程中发挥了重要的作用。在以工人、农民、爱国知识分子等所有爱国人士组成的许多抗日武装力量中，以东北人民革命军最为有名。1936年，在中共的领导下，东北人民革命军整编为东北抗日联军，杨靖宇将军任总司令。在这支队伍中，有一支非常著名的以少年战士为主力的部队，被称为“少年铁血队”，是在“三角抗区”众多抗日队伍中坚持时间最长、影响最大、陪伴杨靖宇将军到最后的一支队伍。

这支队伍里的孩子有的是父母被日军杀死的无家可归的孤儿,有的是地主家里的小羊倌、小猪倌,有的是抗日联军士兵的子弟,但是他们的共同点就是,都对日本侵略者怀着深刻的仇恨。对侵略者的仇恨和保卫祖国的愿望把他们紧紧地团结在一起,在杨靖宇将军的组织下,形成了这支少年铁血队。

少年铁血队在刚组建的时候,队员中有很多都是一些乳臭未干的小孩儿,最小的只有十一二岁。他们军容不整,有的甚至还拖着鼻涕,这样的队伍怎么能打仗呢?连杨靖宇将军派去的指导员王传盛一开始也皱着眉头看着这群小战士,心里面担心要如何领导他们进行战斗。可是杨靖宇将军对这群小战士充满了信心,他派人发给每个小战士一个包裹,里面装着一套军装、一条皮带、一个军用水壶和一把小马枪——和抗日联军正规部队的战士一样的装备。小战士们收到之后都激动万分。杨靖宇将军对这群孩子精心培养,除了对他们进行严格的军事训练之外,还教给他们政治理论和文化知识,以为将来的革命事业作准备。杨靖宇将军对他们爱护有加,把他们看成东北抗日联军未来的希望。这支少年铁血队的编制原本是为了保护杨靖宇将军,可是在行军过程中杨靖宇将军总让他们走在队伍的中间,以免把他们置于险境。

少年铁血队的孩子们最终没有辜负杨靖宇将军的期望,他们后来在抗日战争中发挥了无可替代的作用。

开始的时候,为了锻炼这些小战士,同时又避免让他们受到伤害,杨靖宇将军常常安排一些危险小、伤亡少、胜利希望大的任务给他们。少年铁血队取得的第一次战斗胜利是在

1933年10月底桦甸市的里面沟战役中。

1933年10月30日，少年铁血队在磐石红石砬山附近遭到了日军的袭击，在甩掉这群敌人后，他们在里面沟与抗日义勇军独立师一团一同击毙日伪军10人，俘虏日伪军10人，缴枪38支，缴获牲口20匹。

1938年冬，为了打击敌人，抗日联军不得不走出秘密营地，与敌人正面周旋。但是由于东北的冬天特别寒冷，战斗条件非常艰苦。杨靖宇将军为了保存少年铁血队这支抗日的新生力量，就让他们转移到东北山区敌人力量较为薄弱的抚松县建立秘密营地，并暂时驻扎下来，以锻炼这群小战士的独立生存能力，帮助他们尽快成长。同时杨靖宇将军还派了一位姓毕的老游击队员作为少年铁血队的参谋跟随指导小战士们。

到达抚松县山区之后，小战士们要做的第一件事就是搭建秘密营地。这是他们头一次自己搭营地。他们费了九牛二虎之力搭建了一个简易的营房，虽然比以前跟随部队时搭建的营房要小得多和简陋得多，但是小战士们非常激动地住了进去，这毕竟是头一次依靠自己的力量独立搭建的营房啊！

虽然少年铁血队的战士们年龄很小，但是他们非常机智勇敢。有一次，两个队员大愣和冬喜下山买必需品。过了很长时间大愣一个人气喘吁吁地跑了回来。

队长问道："为什么这么慌张？"

大愣说："我们在山下遇到了日本的特务，被认出来了，冬喜被扣押了，他们叫我回来劝降！"

队员们顿时议论纷纷，这可怎么办啊。

有的队员说："打吧！让狗特务尝尝我们的厉害！"

老参谋毕大爷说道："大家要冷静，不能打草惊蛇。"

于是大家商量了一下，决定用计骗骗那些特务。

他们叫大愣下山告诉那些特务，说山上几乎全是伤员、病员，缺乏药品和食物，已经支撑不下去了，请求投降。想以此诱特务上山，趁机击毙。

那几个特务由于向日本鬼子邀功心切，又看到队员们只是小孩子，于是信以为真地上山来了。可是他们刚进入铁血队的包围圈，还没明白怎么回事，就被铁血队缴械了。

这次伏击战打得很漂亮，及时地为少年铁血队解了围。

后来，敌人发现了铁血队的踪迹，决定上山搜查。少年铁血队不得不离开营地，转移到其他地方。由于是大冬天，地上堆积了厚厚的白雪，战士们上山的脚印会引起敌人的注意，敌人肯定会顺着脚印追上他们的！

为了引开敌人，队长想出了一个好办法，他说："我们都把鞋子倒着穿，这样往前走看起来脚印就像是往后走，往东走脚印看起来就像是往西走。"队员们觉得这是一个好办法，于是大家都把鞋子倒过来牢牢地绑在脚上往山上走去。通过这种办法，铁血队的少年们骗过了狡猾的敌人。在行军过程中，有些队员的脚都被磨肿、磨破了，可是他们不喊痛、不喊累，成功地把敌人甩在了身后。

虽然铁血队的小战士们每人都配备有小马枪，但是他们看到其他的作战部队有机关枪，自己的部队却没有，所以小战士们一直想要一挺自己的机关枪。他们都觉得，作为一支真正要杀鬼子的部队，不配备机关枪怎么行呢？

考虑到孩子们还不成熟，没有经受过许多战役的锤炼，杨靖宇将军对孩子们说："机关枪一定会有的，但是现在你们的主要任务就是学习军事和文化知识，提高杀敌的本领，将来需要的时候，我一定发给你们，好不好？”孩子们都齐声赞同。

1939年春，在杨靖宇将军的安排下，铁血队的战士们独自打了一场仗，成功地占领了木绮河的伪警察署，缴获了许多的枪械和弹药，其中有不少机关枪。战斗结束以后，杨靖宇将军好好地表扬了少年铁血队的孩子们一番，他说：“这次战役打得非常漂亮，你们确实成长了不少！”作为奖励和鼓励，他亲自给小战士们每人发了一挺轻机枪，满足了孩子们长久以来的愿望。铁血队的孩子们特别地开心和激动。指导员王传圣还领着大家一起唱起了由杨靖宇将军亲自创作的军歌：

“我们是东北抗日联合军，
创造出联合军的第一路军，
乒乓的冲锋杀敌缴械声，
那就是革命胜利的铁证！”

在杨靖宇将军的指导下，在一次次战役的磨炼中，少年铁血队的小战士们渐渐地成长起来，成为一股不容小觑的战斗力量，在抗日战争中发挥了不小的作用。

1939年冬，日军对东北地区的抗日武装力量进行疯狂反攻。抗日联军的斗争条件变得异常艰苦：饥饿、寒冷、伤病……战斗打得非常艰难，许多战士都牺牲了。由于部队大量减员，为了避开敌人的反击，抗日联军不得不分散行动，化整为零。虽然东北抗日联军解散了，杨靖宇将军也牺牲了，可是抗联的许多战士都在艰苦的环境中，在长白山茫茫林海中与敌人进行不懈的斗争，直至1945年抗日战争的最后胜利。

一些少年铁血队的战士在新中国成立后的社会主义建设过程中仍旧发挥着作用，为祖国的事业贡献着自己的力量。

虽然抗日战争过去了60多年，可是东北抗日联军和少年铁血队的英雄事迹仍然在白山黑水间、在百姓中间不停地流传着。我们永远不会忘记这些为祖国贡献了自己一生的英雄们。

参考文献：

1. 王传盛，徐光. 少年铁血队. 北京：中国少年儿童出版社，1960.
2. 中国少年报社. 少年铁血队（革命故事选）. 郑州：河南教育出版社，1990.
3. 木青. 少年铁血队员. 福州：福建人民出版社，1982.
4. 丛燕、陶文杰. 少年铁血队. 杭州：浙江少年儿童出版社，1997.
5. 中国少年报社. 少年铁血队. 北京：知识出版社，2009.

真金不怕火来炼　抗战烽火展奇葩

——记孩子剧团

孩子剧团诞生于日本侵华时期的上海，他们积极宣传抗日救国，通过演唱抗日歌曲、表演抗日戏剧，动员和鼓舞了广大少年儿童及人民群众抗日斗争的热情。虽然受到国民党反动派发动的反共高潮的影响，但在周恩来、邓颖超等的亲切关怀下，孩子剧团茁壮成长，影响力不断增强，为宣传抗日作出了积极的贡献。

1932 年，在上海沪东区临青路临青坊里，有一所临青学校。这所学校受到共产党领导的“社联”的积极支持，每个学期保持有学生 200 多人，这些学生大部分是工人子弟，家境贫寒。学校的老师和校长大多是抗日救亡人士。除了给学生讲授文化知识，老师们还经常给他们讲述抗日救国的道理。学校不仅成立了学生会，组织学生学习《国难课本》，教唱歌、做游戏，还组成了“孩子歌咏队”，经常演唱抗日歌曲，排演了《捉汉奸》《最后一课》等儿童剧。这些歌曲和话剧在沪东区和市内演出过多次，产生了很大影响。

1937 年淞沪抗战爆发后，日本侵略者无恶不作，在我们祖国的土地上犯下了滔天罪行。敌占区人民的生活状况惨不忍睹，许多学生家破人亡，流离失所。在老师的帮助下，一部分无家可归的学生越过日寇封锁线，来到法租界的难民收容所里。学生们饱尝家破人亡的痛苦，对日本鬼子和汉奸充满了仇恨。在他们幼小的心灵里，萌发了抗敌救国的坚强信念。他们虽然栖身于难民收容所，但不甘心在那里吃闲饭。学生会主席和“孩子歌咏队”的队长以及其他学生骨干等10余人自发地组成了一个团体。他们在难民收容所里办起了《大家看》壁报，教难童识字、唱歌，在难民中间宣传团结抗日的道理，还义务为难民写家信。

共产党对这些孩子的活动非常重视。党员吴新稼同志每天到难民收容所里给孩子们讲当前的抗战形势，帮他们排练抗日歌曲，又找来一批难童，排练了《火线上》《捉汉奸》《打回老家去》三个街头剧。排练好以后，他们决定为难民收容所里的苦难同胞们表演。演出非常成功，受到难民同胞们的热烈欢迎。许多难民看了激动得流下了眼泪，一再赞扬孩子们演得好，并说这些戏演出了他们的心声。

初战胜利鼓舞了大家的斗志。于是，孩子们要求到所外去演出。吴新稼老师对孩子们说：“到所外去演，剧团应该有个名字呀！”有个孩子说：“我们都是小孩子，就叫孩子剧团吧！”大家听了，一起鼓掌表示赞成。孩子剧团就这样诞生了。他们还创作了自己的团歌：

“我们生长在苦难里，
我们成长在炮火下。
不怕没有先生，
不去留恋爹娘，
凭着我们自己，

努力学习努力干。

孩子们，站起来！

孩子们，站起来！

在这抗战的大时代，

创造出我们的新世界！”

由于孩子们的活动太引人注意，不久，难民所编造出各种理由，拒绝继续收留这些孩子。在国难教育社和市文协的大力支持下，他们搬进了沪西的余日章小学，开始了他们的独立生活。但孩子们仍然坚持去街头、学校、工厂、医院演戏，坚持自己的抗日救亡主张。

有一次，他们在难民收容所演完几出抗日话剧以后，几个青年当场站起来，激动地说：“看小弟弟、小妹妹们，父母被鬼子杀害了，还要出来抗日，我们也要打鬼子，不再流亡了！”

孩子剧团的影响越来越大。当周恩来代表党中央到南京和国民党谈判，听到地下党上海市委汇报孩子剧团的情况时，他异常兴奋地说：“好哇，这些孩子的抗日精神体现了我们民族的希望！”他嘱咐上海地下党的同志，要好好地关心和帮助孩子剧团。

1937年11月12日，国民党军队从东线撤退，日寇包围了上海。由于日寇、敌特和汉奸在市里四处搜捕抗日人士，孩子剧团的处境十分危险。地下党同志经过研究，决定把孩子们带到内地去，继续宣传抗战。18日，孩子剧团乘坐英轮离开上海，到天生港去集合。途中，唐家闸、南通的群众和东北军都要求孩子剧团为他们演出。人们看了他们的精彩演出很受感动，有一位中年的东北军官甚至冲上台去，把一个8岁的小演员抱在怀里，泪流满面地对下面的观众说：“谁无父母，谁无妻子儿女？看了这群受鬼子欺负、无家可归的孩子，谁不难过啊！……鬼子侵占了咱们的土地，欺负咱们的国民，为了不沦落为亡国奴，咱们要和他们拼了！”

“不当亡国奴！”“打倒日本帝国主义！”人群里爆发出一阵阵惊天动地的喊声。

就在孩子剧团演出的同时，长江南岸国民党军队节节败退，从南通到南京的江轮已经停航。他们只好改坐木船，由南通溯运盐河北上，取道泰州到达扬州。想不到到达扬州后，日寇已进攻南京。他们只好徒步行军向北绕行，最后辗转到达武汉。由于旅途劳顿，到了武汉后，许多孩子都生病了。从上海带出的旅费用光了，他们的伙食也成了问题。

1938年1月10日，有位慈祥的妈妈来到孩子剧团的住处——培心小学。她微笑着对孩子们说：“我叫邓颖超，周恩来同志让我代表他和八路军办事处的同志们来看望大家！”孩子们都兴奋地把她围起来，亲热地叫她邓妈妈。邓妈妈抚摸着几个孩子的头，询问着他们一路上的情形。她还看望了剧团的小病号，嘱咐他们好好养病。

过了几天，邓妈妈又来看望孩子们，还带来了60多元钱。她说：“这是八路军办事处的同志们捐助给你们的。”当时，办事处的同志们生活也很艰苦，这些钱是从他们很少的零花钱中拿出来的。孩子们接过这些钱，感动得热泪盈眶。

2月8日下午，周恩来派他的警卫员来接孩子剧团全体成员到八路军办事处去开欢迎会。大家心里乐开了花。

八路军办事处的墙上贴了许多欢迎的红绿标语。在那里，孩子们见到了周恩来和叶剑英、郭沫若等同志，大家兴奋地不停鼓掌。周恩来问了剧团的状况和到武汉的经过，又要每个人讲了自己的经历。孩子们唱了《孩子剧团团歌》。又以莲花落的曲调唱了《流浪儿》:“我们都是没家归的流浪儿,流落街头没饭吃。鬼子打进了我的家,爸爸妈妈全被杀……”歌声打动了在场的每个人。

孩子们表演结束后,周恩来站起来,深情地望着大家说:“在长期的革命斗争中,我看到过许多同志牺牲,可是没有像今天这样难过。那么多的孩子家破人亡,我们民族的灾难太深重了!……斯大林同志说过,青年是我们的未来,我们的希望。我想说,儿童是社会力量的一部分,是抗日斗争中一支小生力军,眼前的事实,证明了这一点。你们和我们队伍中的小战士不同,他们依靠了大集体的帮助,增长了自己的能力。你们是在人们瞧不起的环境中,依靠自己的团结,斗争出来的……我送你们‘救国’‘革命’‘创造’三种精神,你们要一手打倒日本强盗,一手创造新中国!”

周恩来的亲切教诲像一盏明灯,照亮了孩子们漫长的人生道路,也给了他们斗争的勇气和生活的信心。

周恩来和党组织的关怀给了孩子剧团无穷无尽的力量。他们在“汉口青年会”举行公演,其中有新编的《帮助咱们的游击队》《街头》等儿童剧,还到工厂、学校、保育院去演出,受到群众的热烈欢迎。有许多小朋友也来入团。队伍一天天地扩大了,影响力也与日俱增。

1939年春,孩子剧团来到当时的战时陪都——重庆。他们在重庆举办完公演、儿童歌咏大会及儿童节等活动之后,根据周恩来的指示,到中小城镇和农村去,给农民、工人演戏,向工农群众学习。当时,孩子剧团已发展到60多人,分成两个小队,用两年的时间,把川东、川南、川西、川北各县走了一遍,并留下一个小工作队，坚持重庆的工作。

1942年以后，国民党对孩子剧团的镇压变本加厉了。在这危急关头，周恩来遵照党在国民党统治区实行“隐蔽精干，积蓄力量”的政策，指示地下党组织帮助孩子剧团撤离。在地下党组织的帮助下，剧团的骨干和大部分成员撤出了第三厅，有的被送到延安，有的被转移到其他爱国团体，有的被送进学校继续读书深造。孩子剧团就此解散了。

自成立以来，孩子剧团在国民党统治区活跃了长达5年之久，为抗日救亡运动做了大量宣传工作，贡献巨大，影响深远，他们的功绩将永存。

参考文献：

1. 茅盾. 记“孩子剧团”//茅盾. 茅盾文集：卷四. 北京：人民文学出版社，1958.
2. 孩子剧团团史编辑组. 孩子剧团. 成都：四川少年儿童出版社，1981.
3. 文天行. 周恩来与国统区抗战文艺. 成都：四川省社会科学院出版社，1985.
4. 陈模. 战火中的童年：孩子剧团团员的故事. 北京：同心出版社，1997.
5. 重庆市文化广播电视局. 中国话剧的重庆岁月——纪念中国话剧百年文集. 重庆：西南师范大学出版社，2007.

中国儿童一面旗 中华民族小号手

——记新安旅行团

新安旅行团是中国共产党领导下的少年儿童文艺团体，1935 年成立于江苏淮安。该团在陶行知、周恩来等同志的支持与帮助下，运用多种艺术形式，跑遍全国的大江南北宣传“抗日救国”的主张，被誉为“中国少年儿童的一面旗帜”和“中华民族的小号手”。其贡献巨大，在中国近代历史上占有一席之地。

1931 年 9 月 18 日，日军炮轰沈阳城，制造了侵略中国的“九一八”事变。1932 年初，日军又在上海制造了“一·二八”事变。一时之间，中国的东北三省、华北的广大地区都处在日军铁蹄的践踏之下，中华民族到了亡国灭种的危急关头。可是面对这种局势，蒋介石国民党统治集团始终坚持“攘外必先安内”的“不抵抗政策”，反而在国内对共产党领导的抗日红军进行“围剿”。而中国共产党深知时局，在全国号召“停止内战，一致抗日”，要求蒋介石停止剿共，全国人民团结起来，一致抵抗日本侵略者，否则，全国人民都将沦为亡国奴！

可是蒋介石始终坚持“不抵抗政策”，寄希望于国联的调停。在这中华民族面临生死存亡的危急关头，全国各地掀起了抗日救亡运动的高潮。

1933年秋，江苏省淮安县河下镇私立新安小学的7名学生自发组织了一个旅行团，到镇江、上海旅行了50天。在上海，他们亲眼见到日本兵、英国兵、法国兵在中国的地界上欺压中国人，外国巡捕随意抓捕和殴打中国人，外滩公园门口竟然还挂着“华人与狗不得入内”这种故意侮辱中国人的牌子。他们来到工厂里参观，了解工人贫苦的生活状况。孩子们对外国侵略者到中国撒野、侮辱中国人的行为感到非常地愤慨，对中国广大人民处在外国侵略者铁蹄蹂躏下的现状感到痛心疾首。于是他们到大、中、小学校去演讲，在报上发表文章，大力宣传抗日救国。

旅行团得到了陶行知先生的支持，他不但高度赞扬了旅行团的精神和作用，还写了一首《题儿童旅行团》来表达自己对这些爱国学生的支持：

“一群小光棍，点点有七根；
小的是十岁，大的未结婚。
没有先生带，父母也不在；
谁说小孩小，划分新时代！”

陶行知先生认为，从前是一个人们瞧不起穷光蛋和小孩子的旧时代，而现在是一个穷光蛋和小孩子能够发挥重大作用的新时代！

儿童旅行团实践的成功使得新安小学校长汪达之开始思考一个问题：如今国难当头，学校教育要和国家、社会形势联系起来，应该再次走出校门，再组织一个旅行团深入社会、深入百姓中间宣传抗日救国的主张，让学生们在抗日浪潮中接受考验和锻炼！他的想法得到了陶行知、吴耀宗、黄炎培等先生和一些党员同志的赞成和支持，他们答应会尽力帮助实现这个愿望。

1935 年 10 月，这个新的旅行团在新安小学成立了，名字叫做新安旅行团。

新安旅行团刚成立时，成员只有 14 人，最大的 17 岁，最小的只有 12 岁，连顾问校长汪达之在内共 15 人。孩子们在汪达之的带领下，走向社会宣传抗日救亡的主张，实践着陶行知先生的"生活即教育，社会即学校"的新教育理论。

出发时，他们每人携带的物品只有一身单衣、一双草鞋、一把雨伞等简单的行装，全团只有 50 元钱和一套电影放映设备、几部黑白无声抗日影片及几十张抗日救亡歌曲唱片，而电影放映设备和大多数影片都是陶行知先生出钱捐赠的。

新安旅行团的第一站到达了南京。为了得到南京市领导的支持，汪达之先是带领孩子们去拜访南京市市长马超俊。马超俊本来不愿意，在汪达之的多方恳求下才答应和孩子们见面。可是刚一见面，他就大声呵斥道："小孩子不在学校读书，出来瞎折腾什么！"

汪达之说道："马市长，现在国难当头，抗日救亡人人有责。我们遵从孙中山先生的遗嘱，唤醒民众共赴国难。"大家也随声附和道："国家兴亡，匹夫有责，现在救国比读书更重要！"

马超俊傲慢地说："救国关你们小孩子屁事，救国是大人的事，你们懂什么！"随后不耐烦地说："我还有正事，你们马上给我滚回去！"说完气冲冲地离开了。

马超俊的无理态度和威吓并没有吓倒新安旅行团的团员，反而使他们更加看清了国民党高官的丑恶嘴脸，坚定了宣传抗日救国的决心。

随后新安旅行团又去拜访了冯玉祥。此时冯玉祥挂着“国民党军事委员会副委员长”的空头名号，没有一兵一卒，也没有实权。一见面，让新安旅行团团员们感到惊奇的是，冯玉祥身穿青色土布棉袄，脚穿一双黑色土布棉鞋，就像一个普通的农民伯伯，一点国民党高级将领的派头都没有。

冯玉祥和气地与孩子们握手，并请他们吃饭。虽然饭菜只是普通的大头菜、小米粥和馒头，但是大家吃得很开心。冯玉祥说：“我是个有名无实的副委员长，蒋介石把大半个中国都拱手让给了小日本，我们四万万同胞被欺凌得连条狗都不如！孩子们，我支持你们到全国各地去，唤醒民众，共赴国难！否则，我们都要沦为亡国奴。”

大家坚定地点了点头。

1938 年夏，武汉保卫战打响了。为了支援武汉抗日，新安旅行团冒着危险连夜赶往战火连天的武汉。他们在街头表演秧歌、舞蹈、民间小调和相声等，还冒着被敌机轰炸的危险到部队和农村宣传演出，去前线慰问抗日战士，一直坚持到武汉沦陷的前两天才撤离。后来，陶行知先生作诗称赞他们道：

“人从武汉散，
他在武汉干；
一群小好汉，
保卫大武汉！”

1941 年 1 月，国民党反动派发动了“皖南事变”，国共关系瞬间恶化。国民党特务大肆搜捕进步人士和抗日群众，新安旅行团的顾问汪达之和总干事张平等人也被列入了黑名单，新安旅行团在国统区无法继续活动。根据周恩来同志的指示,新安旅行团转移到共产党所在的苏北抗日根据地。

新安旅行团团员们一到苏北盐阜区,就受到了热烈欢迎,并多次受到刘少奇政委和陈毅军长的接见。刘少奇政委和陈毅军长对新安旅行团团员们亲切问候,一一询问他们的名字、年龄以及学习情况,还帮助他们解决各种困难。

刘少奇政委说:"你们是一个有着光荣历史的革命团体,在国内外有广泛的影响。国民党顽固派不准许你们演出,还迫害你们。而我们共产党不但欢迎、支持你们,还要发展你们。我们把根据地的儿童工作都交给你们去做,只要你们有能力,整个苏北,甚至全华中地区的少年儿童工作都交给你们去做!"

陈毅军长也说:"我提议,第一步先在苏北组织 10 万名儿童!"

从 1942 年开始,新安旅行团不仅在苏北进行大量的宣传、演出,还做了大量帮助少年儿童成长的工作。他们到各乡镇组织儿童团,培训儿童干部,当起了小老师,团员人数也增加到 100 多人。在他们的勤奋努力下,村村都建立了儿童团,区区都建立了团部,共组织了 10 万 8 千多名团员。新安旅行团团员们超额完成了陈毅同志交给的任务。

1945 年,日本鬼子被打跑了,八年抗日战争结束,解放战争却随之展开。新安旅行团又接着参与到解放战争中来,他们在各地宣传,号召民众组织儿童支援解放战争。

1946 年 5 月 20 日,毛泽东同志在百忙之中还抽空写信给新安旅行团,勉励他们要"努力工作,继续前进,争取民主中国的胜利"。

1952 年,新安旅行团被并入华东人民艺术剧院,后改为上海歌剧院。

新安旅行团自1935年10月建立以来，足迹遍及上海、南京、北平、西安、武汉、兰州、桂林等大中城市和内蒙古、西南、西北少数民族地区。他们在烽火连天的岁月中宣传抗日救国主张，唤醒民众，被称为“民族的小号手”；他们的革命精神不断鼓励着新中国一代代的青少年，被誉为“中国少年儿童的一面旗帜”。

参考文献：

1. 中国革命博物馆. 民族小号手——新安旅行团史料选. 北京：春秋出版社，1989.
2. 陈鹤锦. 中共江苏地方史. 南京：江苏人民出版社，1996.
3. 崔士臣等. 新安旅行团在苏北. 南昌：二十一世纪出版社，1998.
4. 江苏省地方志编纂委员会. 江苏省志·教育志. 南京：江苏古籍出版社，2000.
5. 周毅，向明. 陶行知传. 成都：四川出版集团、四川教育出版社，2010.

勇斗风雪护羊群 “草原英雄小姐妹”

——记英雄姐妹龙梅和玉荣

龙梅和玉荣是内蒙古大草原上的一对小姐妹，龙梅出生于1952年8月，玉荣出生于1955年3月。1964年2月9日至2月10日，姐妹俩为了保护集体的羊群，冒着刺骨的严寒和呼啸的强风与暴风雪搏斗了一天一夜。后获得“草原英雄小姐妹”称号，成为全国青少年学习的榜样。

龙梅和玉荣是内蒙古牧民吴添喜的两个女儿。1964年2月9日上午10时左右，11岁的姐姐龙梅和8岁的妹妹玉荣代替为邻居粉刷房屋暂时抽不开身的父亲去放牧队里的羊群。

姐妹俩为了让羊群吃到新鲜的牧草，向远处的山坡走去。可是羊群刚翻过山坡，天气突变，西北风刮起漫天飞舞的雪花，羊群受到了惊吓，一个劲儿地顺着风逃窜。这时如果姐妹俩奔回家里请求爸爸的帮助，也许能逃过一劫，可是她们俩心里只想着：“这是集体的羊群，一定要追回来，一只都不能丢！”为了不损失一只集体的羊，姐妹俩踏着雪、跟着羊群费力地奔跑着，一前一后奋力地拦挡、守护着羊群。就这样，她们越跑越远，渐渐消失在无边无际的雪海之中。

过了几个时辰，夜幕降临了，此时气温已经下降到了零下三十七摄氏度。姐妹俩为了不让羊群走散，决定深夜就睡在野外，跟羊群待在一起。此时，姐姐龙梅发现了一只掉队的母羊已经奄奄一息，看来是快要被冻死了。她想起父亲说过的："就算羊死了也要交到公社去，这是集体的财产。"于是姐妹俩费力地把母羊拖到了一个高坡上，准备回来的时候再带走。

经过长时间费力的奔跑，姐妹俩累坏了。终于，精疲力竭的姐妹俩跌倒在雪地里，困乏地睡着了。

深夜时分，龙梅被冻醒，睁开眼睛一看，妹妹和羊群都不见了！她急坏了，一边寻找一边大声地叫喊妹妹的名字。跑了两三里路，龙梅才找到了妹妹和羊群。为了不至于再次走散，姐妹俩紧紧地挨在一起并肩走着。经过了一天一夜，两个小姐妹已经走过了70多里路！

第二天拂晓，姐姐龙梅被火车的汽笛声惊醒，忙叫醒身边的妹妹，这时龙梅忽然发现妹妹玉荣左脚上穿的毡靴已经不见了，妹妹光着脚丫插在雪里，脚丫已经冻成了冰疙瘩！龙梅心疼地正要脱下自己的毡靴给玉荣穿上，玉荣却颤抖着催促姐姐："我没事，羊群又走散了，你快去追吧！"龙梅只好费力地爬起来，把妹妹安顿在小山坡避风的地方，继续跌跌撞撞地往前跑去。

大约上午10点左右，恰好横穿过铁路的当地牧民哈斯朝禄父子忽然远远望见铁路西边的一道浅沟里有一群羊，他们俩忙奔跑过去。当他们仔细看了羊群以后，发现不是自己队里的羊群，确认是其他大队的，于是哈斯朝禄父子俩顶着风努力把羊群往回赶，打算先把羊群存放在公社，然后再由哈斯朝禄骑骆驼把羊群送回所在大队去。

这时,哈斯朝禄忽然发现羊群里有两只已经死掉并冻得僵硬的公羊,于是他让儿子看着羊群,自己亲自扛着一只死公羊来到车站的扳道房里,把死羊先寄存起来。正当他回去准备扛另一只死羊的时候,发现了跟在羊群后面费力奔跑的小龙梅。只见小龙梅的两腮被冻得青紫,脸被冻得又肿又红,皮袄的襟子上的纽扣已经脱落,毡靴里灌满了雪水融化后冻成的冰。

哈斯朝禄不禁心疼地上前问道:"你是谁家的闺女呀,这是你的羊群吗?"

龙梅说:"我叫龙梅,这是咱们大队的羊群。我妹妹在西北方向的山谷里等我,她没了毡靴,快去救救她吧!"

在哈斯朝禄的帮助和及时通知下,草原上的牧民们立刻行动起来,到处寻找妹妹玉荣。不久,人们发现了趴在雪地里一处小山坡下的小玉荣,她的下半身已经被积雪完全盖住了。

2月10日下午,姐妹俩都被送去了附近的白云鄂博矿区医院进行抢救治疗。当地的矿区党委书记、区长和医院院长都来到她们身边,号召大家想办法,无论如何都要保住小姐妹的生命。姐妹俩在矿区人民和领导的帮助下,最终保住了性命。

两人一醒,龙梅立即关切地问身边的人:"羊怎么样了?"

党委书记忙回答道:"羊没事,你安心休息吧!"

在场的人都被姐妹俩公而忘私的精神深深地感动了。

虽然姐妹俩最终保住了性命,可是由于冻伤严重,龙梅的左脚大拇指被截去。妹妹玉荣双脚部位已经冻入骨髓,住院一周以后,由于伤势严重,医生不得不对她的右腿膝关节以下部分和左腿脚踝以下部分做了截肢手术。姐妹俩为了保护集体财产，都成了残疾人，再也不能像以前那样活蹦乱跳地奔跑在大草原上了。

羊群被宝音陶格陶队长赶回了大队，经过点数，384只羊，在一天一夜的失踪之后，仅仅死了3只，其余安然无恙。

1964年3月12日，新华社播报了一则通稿——《暴风雪中一昼夜》，详细地记录了龙梅和玉荣在一天一夜之中勇斗暴风雪保护羊群的感人事迹，这则通稿还被《人民日报》等许多报纸和广播刊播。转眼之间，小姐妹的事迹在全国引起强烈反响，大家都为她们的行为感动落泪。

那么，这么多年过去了，龙梅和玉荣姐妹俩后来过得如何呢？

1964年秋，康复后的龙梅和玉荣被政府送到百灵庙民族小学读书。1966年，内蒙古自治区区委授予姐妹俩“草原英雄小姐妹”光荣称号。1969年国庆节时，姐妹俩又应周恩来总理的邀请来到北京参加国庆20周年庆祝活动，姐妹俩还曾一同出席了周总理主持的国宴，一同携手登上天安门城楼参观国庆大典，受到毛主席的亲自接见。

1970年，应龙梅本人的强烈要求，她应征入伍。1976年转业，先后担任了达尔罕茂明安旗旗委副书记、内蒙古包头市东河区团委副书记、东河区统战部副部长、东河区人大副主任。1999年，龙梅又当选为东河区政协主席。龙梅常常为此感到不安，她说：“我和妹妹只是做了在当时的情况下很多人都会竭尽全力去做的小事，党和政府以及广大人民却给予我们如此殊荣，真是不胜惶恐。”

妹妹玉荣由于在那场暴风雪中终身残疾，伤口复原后一直借助假肢行走，其中经历的痛苦是正常人难以想象的：每换一次假肢，创口处总要经历一次次的重新磨合，直到断肢处长出了厚厚的肉茧；随着玉荣一点点地长大，假肢一次次地变长更换，一直到20岁时玉荣的个头基本定型了，这种痛苦才遭受得少了一点。而夏天是玉荣最难熬的季节，两段假肢的材料又厚又重，而且密不透气，炎热的夏季，断肢往往在汗水里浸泡着，走得久了，断肢处就又红又肿，疼痛难忍。可以说，她小时候的那次经历，带给她身体上的创伤是相当大的。

可是玉荣并没有因为自己是残疾人而失去生活的信心和希望。17岁时，小玉荣被组织任命为乌兰察布盟教育局副局长，但只是挂名而已。1979年，经本人申请和组织安排，她来到中央民族学院进修了1年。1980年结业后，玉荣回到乌盟团委担任副书记。1988年，玉荣联合其他同志筹建了自治区残联，帮助残疾人在社会上发挥自己应有的作用，并任残联的副理事长长达15年之久。后调任自治区政协，担任办公厅副主任。玉荣深切地体会过残疾人的痛苦，也知道残疾人在社会上找工作的难处，但是她坚持不懈，每次遇到单位或企业要招聘人员，她都会不辞辛苦跑去劝说单位或企业安排一个残疾人。她要向社会证明，残疾人也有自己的价值！

姐妹俩还在家乡筹建了“草原英雄小姐妹爱国主义教育基地”，并以“草原英雄小姐妹”的名称注册，以此来宣传“爱国主义、共产主义和集体利益高于一切”的精神，以更好地教育下一代，同时也以自己的事迹为家乡的经济和旅游事业作贡献。

如今，姐妹俩都已成家，有了自己的孩子。当年小小年纪的她们，为了集体的利益而不顾自己的性命，她们的事迹感人至深，影响了整整几代人。现在，她们又继续以草原儿女的踏实淳朴的人格魅力和执著的工作热情投入新的生活，续写着自己人生的新篇章。她们不仅是草原人民的骄傲，也是中华民族的骄傲。她们身上所迸发的集体主义精神源泉，依然滋润着人们的心田。

让我们祝福她们！

参考文献：

1. 徐恒进. 龙梅和玉荣. 北京：人民美术出版社，1982.
2. 阜新蒙古族自治县地方志编纂委员会. 阜新蒙古族自治县志. 沈阳：辽宁民族出版社，1998.
3. 中华人民共和国年鉴社. 中国国情读本（2011 版）. 北京：新华出版社，2011.

后　记

这是一本旨在教育和激励广大青少年的红色读物，书中共收录了新民主主义革命时期和社会主义革命时期的33个典型、感人的少年英雄事迹。这些人物中，有些是大家不太熟悉的，有些是耳熟能详的，但是，他们都有一个共同的特征：都是为了实现民族独立、人民解放和国家富强抛头颅、洒热血的少年英雄。他们有的年纪轻轻就牺牲了，少数仍旧健在。那些逝去的英雄，他们年纪虽轻，死得却重如泰山；那些健在的老人，他们今天仍旧在为了实现中华民族的伟大复兴而不懈努力着。我们今天的和平幸福的生活是建立在他们的无私奉献基础之上的。为此，我们要铭记这些时代的英雄，并向他们学习，为民族、为国家贡献出自己的一份力量，因为只有民族与国家存在，才有我们个人的存在。无数的微光集合起来，就可以像太阳一样照耀全世界。

本书在写作过程中参考了一些文献资料，同时参照了一些同类读物，修正了一些细小错误。王玉贵、丁启清、刘鲲鹏、解晶等在写作过程中给予了无私帮助，在此表示感谢。

由于时间仓促，再加上作者水平有限，书中不足之处在所难免，恳请广大读者朋友批评、指正。